죄와 의와
심판에
대하여

성결과 권능 시리즈 · 입문편1

죄와 의와 심판에 대하여

이재록 목사

우림

그가 와서
죄에 대하여 의에 대하여
심판에 대하여
세상을 책망하시리라

요한복음 16:8

펴내는 글

하나님의 크신 사랑과 축복을 받는
의인 되기를 기원하며

위대한 종교 개혁자 마틴 루터는 젊은 시절 나무 아래서 비를 피하던 중 갑작스런 벼락으로 곁에 있던 친구가 죽는 충격적인 일을 겪게 됩니다. 이 사건으로 수도사가 된 그는 죄에 대하여 심판하시는 하나님을 두려워하여 고통에 시달렸습니다. 고해실에 들어가 많은 시간 동안 참회해도 죄의 문제를 해결하지 못하고, 아무리 성경을 탐독해도 '어떻게 의롭지 못한 인간이 의로우신 하나님을 기쁘시게 할 수 있는가?'에 대한 해답을 찾지 못했기 때문입니다.

그러던 어느 날, 바울 서신을 읽다가 그토록 찾아 헤매던 마음의 평안을 얻습니다. 로마서 1장 17절에 "복음에는 하나님의 의가 나타나서 믿음으로 믿음에 이르게 하나니 기록된 바 오직 의인은 믿음으로 말미암아 살리라" 한 대로 '하나님의 의'를 깨우친 것입니다. 심판하시는 하나님의 의만 알고 있던 그가 예수 그리스도를 믿는 모든 사람에게 값없이 죄 사함을 주시고 의인이라 칭하시는 하나님의 의를 깨달았습니다. 그 후 루터는 진리를 향한 폭발적인 열정으로 살아갑니다.

이처럼 하나님께서는 예수 그리스도를 믿는 사람은 누구나 값없이 의롭다 인정해 주실 뿐만 아니라 성령을 선물로 주셔서 죄와 의와 심판을 알게 하시며, 이를 통해 자발적인 순종으로 하나님의 의를 이루게 하십니다. 그러므로 우리가 예수 그리스도를 영접하고 의인이라 칭함을 받는 데 그치는 것이 아니라 성령의 도우심 가운데 죄악을 버리고 참된 의인이 되는 것이 매우 중요합니다.

지난 12년 동안 하나님께서는 매년 2주연속 특별부흥성회를 개최하게 하시고 전 성도가 믿음으로 살아가는 의인이 되도록 축복하셨습니다. 무엇이든지 구하는 대로 응답받을 수 있는 길로 인도하셨고, 영과 선, 빛과 사랑의 차원을 깨달아 하나님의 권능을 받을 수 있는 길을 제시하셨습니다. 해가 거듭될수록 성결과 권능을 향한 믿음의 행진을 하며, 성경에 기록된 하나님의 권능, 시공간을 초월한 창조의 권능을 전 세계 만민이 체험할 수 있는 축복을 주셨습니다.

그래서 하나님의 깊은 섭리가 담긴 부흥성회 말씀을 '성결과 권능' 시리즈로 발간하여 체계적으로 무장할 수 있도록 준비하게 되었습니다. 처음 3년간의 말씀은 하나님과 막힌 죄의 담을 헐고 참된 의인의 길로 인도하는 '입문편'으로, 다음 4년간의 말씀은 성결과 권능의 길로 인도하는 '핵심편'으로, 마지막 5년간의 말씀은 행함을 통해 하나님의 권능을 체험할 수 있는 '실천편'으로 발간할 예정입니다.

오늘날에는 많은 사람이 무엇이 죄인지, 어떻게 의를 이루는지, 신판이 어떻게 임하는지조차 모른 채 살아갑니다. 교회에 다닌다면서도 구원의 확신을 갖지 못하고 세상 사람과 다를 바 없이 살아가는가 하면, 하나님 보시기에 의를 행하지 않고 자신이 보기에 의로운 것을 좇아 신앙생활을 합니다. 따라서 '성결과 권능' 시리즈 첫 번째 말씀인 『죄와 의와 심판에 대하여』는 어떻게 하면 죄를 용서받고 하나님의 의를 이루어 성공적인 삶을 영위할 수 있는지 다루고 있습니다.

하나님께서는 그 증거로 1993년 부흥성회 첫날 첫 시간에 잉태의 축복을 약속하셨습니다. 과연 그 약속대로 결혼한 지 5~6년, 10년이 지나도록 잉태하지 못해 안타까워하던 수십 가정이 부흥성회를 마치고 대부분 잉태하여 행복한 가정을 이루었습니다.

이 책이 나오기까지 수고해 주신 빈금선 편집국장과 직원들에게 감사의 뜻을 전하며 아무쪼록 많은 사람이 죄의 문제를 해결하여 무엇이든지 구하는 대로 응답받으시기를 주님의 이름으로 기원합니다.

2009년 3월

이 재 록 목사

글 머리에

이 책은 「죄와 의와 심판에 대하여」라는 제목으로 죄에 대하여, 의에 대하여, 심판에 대하여 각각 다섯 편으로 구성되었습니다. 어떻게 하면 죄의 문제를 해결하고 하나님께서 원하시는 의인이 되어 축복된 삶을 영위하며, 다가올 심판을 면하고 영생복락을 누릴 수 있는지 구체적인 길을 제시합니다.

죄에 대한 첫 번째 말씀 '구원' 편에서는 인간은 구원을 받아야 하는 존재라는 것과 구원의 참된 의미와 방법이 무엇인지를 알려 주고 있습니다. 그 다음 '성부, 성자, 성령' 편에서는 하나님의 능력과 권세, 예수 그리스도의 이름과 성령의 도우심이 연합하여 역사되는 삼위일체 하나님을 올바로 깨달아 죄 문제를 해결하고 온전한 구원의 길로 갈 수 있도록 인도합니다.

또한 '육체의 일' 편에서는 하나님과 우리 사이를 가로막는 죄의 담에 관해 낱낱이 분석하여 알려 주며, 이어지는 '회개에 합당한 열매를 맺으라' 편에서는 예수 그리스도로 말미암아 온전한 구원에 이르기 위해서는 회개에 합당한 열매를 맺어야 함을 말씀합니다.

죄에 대한 마지막 말씀 '악을 미워하고 선에 속하라' 편에서는 하나님께서 싫어하시는 악을 버리고 진리 말씀대로 선을 행하는 사람이 되어야 할 것을 가르쳐 줍니다.

다음으로, 의에 대한 첫 번째 말씀인 '생명으로 이르게 하는 의' 편에서는 우리가 예수 그리스도의 의의 한 행동으로 영생에 이름을 알려 줍니다. 그리고 '의인은 믿음으로 살리라' 편에서는 오직 믿음으로 구원받을 수 있음을 깨달아 하나님께서 원하시는 참 믿음을 소유하는 사람이 되어야 할 것을 강조합니다.

'그리스도께 복종케 하라' 편에서는 참 믿음을 소유하여 만사형통한 응답과 축복받는 삶을 누리려면 육신의 생각과 이론을 깨뜨리고 그리스도께 복종하는 사람이 되어야 함을 구체적으로 설명했습니다. '주께서 칭찬하시는 자' 편에서는 하나님으로부터 칭찬받는 자가 되려면 어떻게 행해야 하는지 믿음의 선진들의 행함을 통하여 깨우쳐 줍니다. 의에 대한 마지막 말씀인 '축복' 편에서는 믿음의 조상이며 복의 근원이 된 아브라함의 신앙을 살펴보면서 축복된 삶을 영위할 수 있는 실질적인 방법을 제시합니다.

심판에 대한 첫 번째 말씀인 '하나님을 거역한 죄' 편에서는 인간이 하나님을 거역하는 죄를 범했을 때 임하는 결과에 대해 상고하고, 그 다음 '지면에서 쓸어버리리라' 편에서는 인간의 죄악이 가득 찼을 때 임하는 하나님의 심판에 대하여 말씀합니다.

이어 '뜻을 거스르지 말라' 편에서는 하나님의 뜻을 거스를 때 심판이 임하는 것이니 하나님의 뜻에 순종하는 것이 얼마나 큰 복인지 깨달아 순종하는 사람이 될 것을 알려 줍니다. '만군의 여호와가 이르노라' 편에서는 어떻게 해야 치료되고 응답받을 수 있는지를 구체적으로 설명하며 하나님을 경외하는 의인이 되어야 함을 강조합니다.

마지막으로 '죄와 의와 심판에 대하여' 편에서는 죄의 문제를 해결하고 의인이 되어 살아 계신 하나님을 만나며, 앞으로 임할 심판을 면하고 영원히 축복된 삶을 영위할 수 있는 길을 제시합니다.

이렇게 이 책에는 하나님의 사랑으로 예수 그리스도를 영접하여 성령을 선물로 받은 우리가 구원과 영생, 응답과 축복을 받는 길을 구체적으로 다루고 있습니다. 많은 사람이 이 책을 통하여 하나님께서 원하시고 기뻐하시는 의인이 되기를 주님의 이름으로 기원합니다.

2009년 3월

빈 금 선 편집국장

contents

죄에 대하여...
Concerning Sin...

의에 대하여...
Concerning Righteousness...

심판에 대하여...
Concerning Judgment...

죄에 대하여...
Concerning Sin...

죄에 대하여라 함은 저희가 나를 믿지 아니함이요 요 16:9

창세기 4:7   네가 선을 행하면 어찌 낯을 들지 못하겠느냐 선을 행치 아니하면 죄가 문에 엎드리느니라 죄의 소원은 네게 있으나 너는 죄를 다스릴지니라

예레미야 3:13   너는 오직 네 죄를 자복하라 이는 네 하나님 여호와를 배반하고 네 길로 달려 모든 푸른 나무 아래서 이방 신에게 절하고 내 목소리를 듣지 아니하였음이니라 여호와의 말이니라

마가복음 3:28~29   내가 진실로 너희에게 이르노니 사람의 모든 죄와 무릇 훼방하는 훼방은 사하심을 얻되 누구든지 성령을 훼방하는 자는 사하심을 영원히 얻지 못하고 영원한 죄에 처하느니라 하시니

누가복음 5:24   그러나 인자가 땅에서 죄를 사하는 권세가 있는 줄을 너희로 알게 하리라 하시고 중풍병자에게 말씀하시되 내가 네게 이르노니 일어나 네 침상을 가지고 집으로 가라 하시매

요한복음 5:14   그 후에 예수께서 성전에서 그 사람을 만나 이르시되 보라 네가 나았으니 더 심한 것이 생기지 않게 다시는 죄를 범치 말라 하시니

로마서 6:16   너희 자신을 종으로 드려 누구에게 순종하든지 그 순종함을 받는 자의 종이 되는 줄을 너희가 알지 못하느냐 혹은 죄의 종으로 사망에 이르고 혹은 순종의 종으로 의에 이르느니라

요한일서 2:1~2   나의 자녀들아 내가 이것을 너희에게 씀은 너희로 죄를 범치 않게 하려 함이라 만일 누가 죄를 범하면 아버지 앞에서 우리에게 대언자가 있으니 곧 의로우신 예수 그리스도시라 저는 우리 죄를 위한 화목제물이니 우리만 위할 뿐 아니요 온 세상의 죄를 위하심이라

Chapter 1

구 원

다른 이로서는 구원을 얻을 수 없나니 천
하 인간에 구원을 얻을 만한 다른 이름을
우리에게 주신 일이 없음이니라 **사도행전**
4:12

세상에서는 종교와 문화에 따라 다양한 신을 섬기고 심지어 '알지
못하는 신'까지 있습니다(행 17:23). 요즘에는 여러 종교의 교리를 혼
합하여 만든 '신흥종교'가 관심을 끌기도 하고 모든 종교에 구원이
있다고 믿는 '종교다원주의'를 보편적인 철학으로 받아들이기도 합
니다. 그러나 성경은 창조주 하나님만이 참 신이며 예수 그리스도만
이 유일한 구원자임을 전하고 있습니다(신 4:39 ; 요 14:6 ; 행 4:12).

⚜ 창조주 하나님과 인간

하나님은 분명히 계십니다. 내가 이 세상에 있다는 것은 나를 낳아
준 부모가 있기 때문이듯이 인류가 세상에 존재하는 것은 당연히 우

리를 창조한 신이 존재하기 때문입니다.

작은 시계만 보더라도 부속품이 서로 정교하게 맞물려 작동하기 때문에 정확하게 시간을 알려 줍니다. 그런데 그 시계가 우연히 생겨났을 것이라 생각하는 사람은 아무도 없을 것입니다. 조그마한 시계 하나도 설계하고 만든 사람이 있기 때문에 세상에 존재합니다. 하물며 우주는 시계와 비교할 수 없을 정도로 복잡하고 광대하며 인간의 두뇌로는 그 규모와 신비함을 상상할 수 없습니다. 그중에 일부인 태양계가 한 치 오차 없이 정밀하게 운행되는 것만 보아도 하나님의 창조를 믿지 않을 수 없습니다.

사람의 몸도 마찬가지입니다. 모든 기관과 세포 등 수많은 구성 요소가 정교하게 어울려 있는데 그 조화와 기능은 참으로 경이로울 정도입니다. 그나마 인간이 밝혀낸 사실은 일부에 지나지 않지요. 이러한 인체가 어찌 우연히 만들어졌다고 할 수 있겠습니까?

누구나 쉽게 인정하는 간단한 비유를 들어보지요. 사람의 얼굴에는 눈이 두 개, 코 하나에 콧구멍이 두 개, 입은 하나, 귀는 두 개가 있습니다. 그 위치는 눈이 맨 위에 있고 코는 중앙에, 입은 코 밑에, 귀는 양쪽에 하나씩 달려 있습니다. 이것은 흑인도, 백인도, 황색인도 똑같습니다. 비단 사람뿐만 아닙니다. 사자, 호랑이, 코끼리, 개와 같은 짐승이나 독수리, 비둘기 등 새는 물론, 물고기도 마찬가지입니다.

진화되었다면 짐승은 짐승대로, 새는 새대로, 사람은 사람대로 환경에 따라 다르게 진화해야 할 텐데 어떻게 그 생김새뿐만 아니라 위치까지 똑같은 것일까요? 바로 창조주 하나님께서 설계하여 만드신 증거입니다. 똑같은 형태로 만들었다는 것은 창조주가 여럿이 아니라 오직 한 분임을 알려 줍니다.

저는 원래 무신론자였습니다. 교회에 나가면 구원받는다는 말은 들었지만 구원이 무엇인지, 어떻게 구원받는 것인지도 몰랐습니다. 그러던 중, 과음으로 위장이 마비되어 7년이란 세월을 병상에서 지내야 했습니다. 어머니는 매일 밤 물을 떠 놓고 북두칠성을 바라보며 빌고 또 불공도 많이 드렸지만 제 병은 악화될 뿐이었습니다. 이러한 절망적인 상황에서 저를 구원해 주신 분은 북두칠성도, 부처도 아닌 하나님이셨습니다. 제가 교회에 가서 기도받고 나았다는 소식을 들은 어머니는 즉시로 우상과 불단을 버리고 교회에 나가셨습니다. 참 신은 오직 하나님 한 분뿐임을 깨달았기 때문입니다.

🌼 하나님과 막힌 죄의 담

그렇다면 왜 사람들은 천지 만물을 창조하신 하나님이 존재하는 증거가 이처럼 분명한데도 믿지 못하고 만나지 못하는 것일까요? 그 이유는 바로 하나님과 우리 사이에 죄의 담이 가로막혀 있기 때문입니다. 창조주 하나님께서는 죄가 전혀 없으며 의로운 분이기 때문에 우리에게 죄가 있으면 하나님과 교통할 수 없습니다.

간혹 '나는 아무 죄도 없다.'고 생각하는 사람이 있습니다. 캄캄

한 곳에 있을 때에는 옷에 때가 묻어도 보이지 않으므로 알 수 없듯이 우리가 어둠 곧 비진리 가운데 있으면 자신의 죄를 깨닫지 못합니다. 즉 하나님을 믿는다면서도 영적인 눈이 닫혀 있으면 죄를 발견하지 못하고 교회만 왔다갔다하는 것입니다. 그 결과 10년, 20년을 믿어도 하나님을 만날 수 없고 응답받지 못합니다.

사랑의 하나님께서는 우리를 만나 대화하고 응답하기 원하십니다. 그래서 우리 한 사람, 한 사람에게 "너와 나 사이에 있는 죄의 담을 헐고 마음껏 사랑의 대화를 나누자. 네가 안고 있는 고통을 내가 해결하도록 길을 터다오."라고 간곡히 부탁하시지요.

어린 아이가 바늘귀에 실을 꿰려고 애쓴다고 합시다. 그 일이 아이에게는 어렵지만 부모에게는 매우 쉬운 일입니다. 그러나 아무리 도와주고 싶어도 그 사이에 높은 벽이 가로막고 있다면 도와줄 수 없습니다. 마찬가지로 하나님과 우리 사이에 죄의 담이 있으면 응답받을 수 없지요. 그러니 무엇보다 먼저 죄의 문제를 해결해야 하며 이를 통해 우리에게 가장 중요하고 궁극적인 구원의 문제를 해결받아야 합니다.

구원의 참된 의미

세상에서는 여러 의미로 '구원'이라는 단어를 사용합니다. 물에 빠진 사람을 건져 주거나 사업에 실패한 사람에게 재기할 수 있도록 길을 열어 주었을 때, 가정 형편이 어려운 사람을 도와주었을 때에도 구원이라는 말을 사용합니다.

그러면 성경에서는 무엇을 구원이라고 말할까요? 바로 인류를 죄악에서 건져내는 것, 곧 사람들이 하나님께서 원하시는 테두리 안에 들어가 죄의 문제를 해결받고 천국에서 영생복락을 누리는 것을 말합니다. 이것을 알기 쉽게 영적으로 표현하면 구원의 입구는 예수 그리스도이며, 구원의 집은 천국 곧 하나님의 나라입니다.

요한복음 14장 6절을 보면 예수님께서 친히 "내가 곧 길이요 진리요 생명이니 나로 말미암지 않고는 아버지께로 올 자가 없느니라" 말씀하셨습니다. 그러므로 구원이란 예수 그리스도를 통해 천국에 들어가는 것을 말합니다.

많은 사람이 전도하면서 구원받아야 한다고 강조하는데 왜 우리에게 구원이 필요한 것일까요? 영혼은 불멸이기 때문입니다. 사람이 죽으면 육체로부터 영혼이 분리되어 구원받은 사람은 천국에 들어가고, 구원받지 못한 사람은 지옥으로 갑니다. 천국은 영원한 행복만 있는 하나님의 나라이며, 지옥은 영원한 고통이 있는 불못과 유황못입니다(계 21:8).

천국과 지옥은 실존하는 곳으로 사람들 중에는 환상을 통해서 천국과 지옥을 보거나 영이 직접 그곳에 다녀온 이들이 많이 있습니다. 만일 그들이 모두 거짓말한다고 생각한다면 이는 아집에 지나지 않을 것입니다. 그리고 성경이 천국과 지옥에 대해 분명히 전하니 믿을 수 있어야 합니다. 성경은 다른 책과 달리 구원의 메시지를 담고 있는 창조주 하나님의 말씀입니다.

성경에는 인간의 시초와 그동안 하나님께서 어떻게 역사하셨는지가 기록되어 있습니다. 즉 죄를 짓고 타락하여 영원히 죽을 수밖에 없는 사람을 구원하신 과정이 잘 나와 있지요. 또한 과거와 현재의 일 그리고 앞으로 일어날 모든 일과 하나님의 심판에 대해서도 기록되어 있습니다.

우리가 이 땅에서 아무런 문제없이 평안히 사는 것도 중요합니다. 그러나 천국에 비하면 이 땅의 삶은 잠시 잠깐이며 순간에 지나지 않습니다. 10년이 긴 세월 같으나 지나고 보면 바로 엊그제 일 같지요. 남은 인생도 그렇습니다. 열심히 살고 많은 것을 쌓았다 해도 그것이 이 땅의 삶으로 끝난다면 무슨 소용이 있겠습니까?

아무리 재산이 많아도 가지고 갈 수 없으며, 명예와 권세를 얻었어도 죽으면 잊히기 마련입니다. 설령 누군가 자신을 기억해 준다 해도 정작 자기 영혼이 지옥불에서 영원히 고통당한다면 아무 의미가 없지요.

❧ 인간 구원의 방법

사도행전 4장 12절에 "다른 이로서는 구원을 얻을 수 없나니 천하 인간에 구원을 얻을 만한 다른 이름을 우리에게 주신 일이 없음이니라" 했습니다. 예수 그리스도만이 우리를 구원할 구세주임을 말해 줍니다. 그러면 왜 구원이 오직 예수 그리스도의 이름으로만 가능할까요? 바로 죄 문제를 해결해야 하기 때문입니다. 이를 이해하기 위해서 인류의 시조 아담과 하와로 거슬러 올라가 보겠습니다.

하나님께서는 아담과 하와를 지으신 뒤 아담에게 만물을 다스리는 권세와 영광을 주셨습니다. 그런데 그들은 풍요로운 에덴동산에서 오랜 세월 살다가 뱀의 꼬임에 넘어가 선악과를 따먹고 말았지요. 하나님께서 금하신 선악과를 먹음으로 불순종한 뒤 죄가 들어왔습니다(창 3:1~6).

로마서 5장 12절에 "한 사람으로 말미암아 죄가 세상에 들어오고 죄로 말미암아 사망이 왔나니 이와 같이 모든 사람이 죄를 지었으므로 사망이 모든 사람에게 이르렀느니라" 했습니다. 아담으로 인해 죄가 세상에 들어와 모든 사람이 죄를 짓게 되었으며, 그 결과 사망이 모든 사람에게 이르렀다는 것입니다.

이렇게 죄인 된 사람들을 하나님께서 무조건 구원하신 것이 아닙니다. 로마서 5장 18~19절에 "그런즉 한 범죄로 많은 사람이 정죄에 이른 것같이 의의 한 행동으로 말미암아 많은 사람이 의롭다 하심을 받아 생명에 이르렀느니라 한 사람의 순종치 아니함으로 많은 사람이 죄인 된 것같이 한 사람의 순종하심으로 많은 사람이 의인이 되리라" 하셨습니다.

아담 한 사람의 죄 때문에 모든 사람이 죄인이 된 것처럼 어느 한 사람의 순종으로 모든 사람이 구원받을 수 있다는 것이지요. 하나님께서는 만물의 주관자이지만 모든 것을 질서 가운데 이루시기 때문에(고전 14:40) 구원에 합당한 조건을 갖춘 한 분을 예비하셨는데 바로 예수 그리스도입니다.

🌸 예수 그리스도를 통한 구원의 섭리

영계의 법에는 "죄의 삯은 사망"(롬 6:23)이라는 법이 있는가 하면 반대로 그 죄를 속량하는 법도 있습니다. 이러한 영계의 법과 직접 연관이 있는 것이 이스라엘의 "토지 무르기 법"입니다. 이 법은 토지를 팔 때 영원히 팔지 않도록 한 것입니다. 형편이 어려워 팔았다면 언제라도 부유한 근족이 와서 대신 무를 수 있게 했습니다. 만일 근족 중에 무를 사람이 없으면 본인이 부유해져서 무를 힘이 있을 때 찾으면 되는 것이지요(레 25:23~25).

죄를 대속하는 것도 이와 같습니다. 누군가 죄를 대속할 수 있는 자격을 갖추기만 하면 죄 문제를 해결할 수 있습니다. 반드시 누군가 대신 죄의 대가를 받아야 합니다.

그런데 고린도전서 15장 21절에 "사망이 사람으로 말미암았으니 죽은 자의 부활도 사람으로 말미암는도다" 한 대로 우리를 구원할 분은 사람이어야 합니다. 그래서 예수님께서 죄인 된 사람과 같은 육신을 입고 이 땅에 오신 것입니다.

빚이 있는 사람은 남의 빚을 갚아 줄 능력이 없듯이 죄를 가진 사람은 인류의 죄를 대속할 수 없습니다. 사람은 태어날 때부터 부모에게서 외모와 성격뿐만 아니라 죄성까지도 물려받습니다. 어린 아이만 보아도 다른 아이가 자기 엄마에게 안기면 싫어하고 밀쳐내려고 합니다. 누가 가르쳐 주지 않았는데도 시기, 질투가 나오지요. 또 어떤 아이는 배고플 때 곧바로 젖을 물리지 않으면 자지러지게 웁니다. 부모에게서 물려받은 혈기 때문이지요. 이처럼 부모의 기를 통해 이어받은 죄성을 원죄라고 합니다. 아담의 후예는 누구나 이러한 원죄를 가지고 태어나기 때문에 결코 다른 사람의 죄를 대속할 수 없습니다.

그러나 예수님은 성령으로 잉태되어 나셨기 때문에 부모에게서 물려받은 원죄가 없습니다. 또한 성장하면서 율법을 다 지켜 행하셨기 때문에 어떠한 자범죄도 없었습니다. 이처럼 죄가 없는 것이 영적으로는 힘입니다.

예수님께서는 인류의 죄를 대속하기 위하여 생명을 아끼지 않는 사랑이 있었기 때문에 십자가 처형을 기쁨으로 받으셨습니다. 율법의 저주에서 속량해 주시고자 나무 십자가에 달려(갈 3:13) 원죄와 자범죄가 없는 보배로운 피를 흘리심으로 인긴의 죄를 대속하신 것입니다.

하나님께서는 죄인들을 위해 독생자도 아낌없이 십자가에 내주시는 크신 사랑을 우리에게 베풀어 주셨습니다. 또 예수님은 하나님과 우리 사이에 화목제물이 되어 자기의 생명까지 아낌없이 버림으로써 우리를 사랑하는 증거를 보이셨지요. 예수님 외에는 우리의 죄를 대속할 수 있는 능력과 사랑을 가진 사람이 아무도 없습니다. 이러한 이유로 우리는 오직 예수 그리스도로 인하여 구원받을 수 있게 되었습니다.

Chapter 2

성부, 성자, 성령

보혜사 곧 아버지께서 내 이름으로 보내실
성령 그가 너희에게 모든 것을 가르치시고
내가 너희에게 말한 모든 것을 생각나게
하시리라 **요한복음 14:26**

창세기 1장 26절을 보면 "하나님이 가라사대 우리의 형상을 따라 우리의 모양대로 우리가 사람을 만들고" 했습니다. 여기서 '우리'는 성부, 성자, 성령 삼위일체 하나님을 의미합니다. 사람을 지으시고 구원의 섭리를 이루시는 성부, 성자, 성령 하나님의 역할은 다르지만 근본이 하나이기 때문에 삼위일체 하나님이라고 합니다.

이는 기독교에서 매우 중요한 교리이며 창조주 하나님의 근본에 대한 비밀한 말씀이므로 사람의 제한적인 사고와 이론으로는 이해하기가 어렵습니다. 그러나 죄의 문제를 해결하고 온전한 구원에 이르기 위해서는 성부, 성자, 성령 삼위일체 하나님에 대해 바로 알아야 하며 그럴 때 하나님의 자녀 된 권세와 축복을 마음껏 누릴 수 있습니다.

🏵 성부 하나님은 어떤 분이신가

무엇보다 하나님은 우주 만물의 창조주이십니다. 창세기 1장에는 하나님께서 창조하신 과정이 나오는데, 아무것도 없는 무 상태에서 6일 동안 말씀으로 천지를 창조하고 6일째에는 인류의 조상 아담을 지으셨습니다. 우리는 모든 만물의 질서와 조화만 보고도 하나님께서 살아 계신 것과 창조주가 한 분이심을 알 수 있습니다.

또한 하나님은 전지전능한 분이십니다. 하나님은 완전하시고 모든 것을 아시므로 하나님과 밝히 교통하는 사람들을 통해 앞일을 알리고 예언하게 하십니다(암 3:7). 뿐만 아니라 하나님께서는 무엇이나 하실 수 있기 때문에 성경에는 인간의 힘과 능력으로 할 수 없는 놀라운 기사와 표적, 희한한 일들이 수없이 나옵니다.

그리고 하나님은 스스로 계신 분입니다. 출애굽기 3장에 보면 하나님이 떨기나무 불꽃 가운데 모세에게 나타나셔서 그를 출애굽의 지도자로 부르시는 장면이 나옵니다. 이때 하나님께서 모세에게 "나는 스스로 있는 자"라 말씀합니다. 바로 하나님의 속성 중 하나인 자존성을 설명하신 것입니다. 즉 하나님께서는 누가 낳거나 지은 것이 아니라 태초부터 스스로 계신 분이라는 뜻입니다.

이 외에도 하나님은 성경의 저자이며, 피조물인 사람을 초월하는 신이므로 사람 편에서 설명하기란 쉽지 않습니다. 사람의 한정된 식견으로는 아무리 궁구해도 온전히 알 수 없는 무한한 분이기 때문입니다.

성경을 보면 성부 하나님에 대한 호칭이 경우에 따라 다르게 쓰이는 것을 볼 수 있습니다. 출애굽기 6장 3절에 보면 "내가 아브라함과 이삭과 야곱에게 전능의 하나님으로 나타났으나 나의 이름을 여호와로는 그들에게 알리지 아니하였고" 했으며, 출애굽기 15장 3절에는 "여호와는 용사시니 여호와는 그의 이름이시로다" 했습니다. '여호와'라는 이름에는 스스로 있는 자라는 뜻 외에도 민족과 민족 위에, 세계 열방 위에 모든 것을 통치하시는 분, 세계 속의 유일하신 참 신이라는 의미가 있습니다.

그리고 '하나님'이란 표현은 개개의 민족이나 나라, 혹은 개인에게 임하시는 분이라는 의미로서 인격과 관계되는 칭호입니다. 즉 여호와라는 표현이 보다 광범위한 공적인 의미로서 신격에 대한 표호(標號)로 사용된다면 하나님이라는 칭호는 개개인과의 친밀한 영적 교류를 하시는 하나님의 인격에 대한 표현입니다. 아브라함의 하나님, 이삭의 하나님, 야곱의 하나님이라는 칭호에서 알 수 있지요.

이러한 하나님을 '성부 하나님'이라 말하는 이유는 무엇일까요? 하나님께서는 만물을 주관하며 마지막 때의 심판자이기도 하지만 무엇보다 인간 경작을 계획하고 주관하는 총감독자가 되시기 때문입니다. 우리가 이런 하나님을 믿으면 그분을 '아버지'라 부르며 하나님의 자녀로서 놀라운 권세와 축복을 누릴 수 있습니다.

🌿 인간 경작의 총감독이 되시는 성부 하나님

창조주 하나님께서는 서로 사랑을 주고받을 수 있는 참 자녀를 얻기 위하여 사람을 창조하고 이 땅에 인간 경작을 시작하셨습니다. 그런데 시작이 있으면 끝이 있듯이 사람이 이 땅에 온 시작이 있으면 이 땅에서 떠나야 할 끝도 있습니다.

요한계시록 20장 11~15절을 보면 "또 내가 크고 흰 보좌와 그 위에 앉으신 자를 보니 땅과 하늘이 그 앞에서 피하여 간 데 없더라 또 내가 보니 죽은 자들이 무론대소하고 그 보좌 앞에 섰는데 책들이 펴 있고 또 다른 책이 펴졌으니 곧 생명책이라 죽은 자들이 자기 행위를 따라 책들에 기록된 대로 심판을 받으니 바다가 그 가운데서 죽은 자들을 내어 주고 또 사망과 음부도 그 가운데서 죽은 자들을 내어 주매 각 사람이 자기의 행위대로 심판을 받고 사망과 음부도 불못에 던지우니 이것은 둘째 사망 곧 불못이라 누구든지 생명책에 기록되지 못한 자는 불못에 던지우더라" 했습니다.

이 말씀은 백보좌 대심판을 설명하는 것입니다. 이 땅에서 인간 경작이 끝나면 주님께서 성도들을 데리러 공중강림하십니다. 그러면 우리는 산 채로 들려 오르고 공중에서 7년 혼인 잔치가 진행되는 동안 이 땅에는 7년 환난이 임합니다. 그 다음에 주님께서 이 땅에 재림하여 천년왕국을 다스리는데 이 천년왕국이 끝나면 백보좌 대심판이 있습니다. 이때 구원받은 하나님의 자녀들은 이름이 생명책에 기록되어 있어 천국에 가지만, 그렇지 않은 사람들은 자기 행위에 따라 심판을 받고 지옥으로 갑니다.

성경을 보면 하나님께서는 인간을 지은 날부터 지금까지 변함없이 우리를 사랑하신다는 것을 알 수 있습니다. 아담과 하와가 죄를 범하여 에덴동산에서 쫓겨난 이후에도 노아나 아브라함, 모세, 다윗, 다니엘 등 의로운 사람들을 통해 하나님의 뜻과 섭리, 앞으로 될 일까지도 알려 주셨습니다. 뿐만 아니라 하나님의 역사는 지금도 멈추지 않고 우리 가운데 나타나고 있습니다. 신을 인정하고 하나님을 사랑하는 사람들을 통해 역사하시는 것입니다.

구약 성경을 보면 하나님께서는 우리를 사랑하셔서 죄 가운데 빠지지 않고 의를 행하도록 일깨워 주셨습니다. 무엇이 죄이고, 의인지 알려 주어 심판을 면하도록 깨우쳐 주셨지요. 또한 하나님을 섬기되 절기를 정하고 제사드림으로 살아 계신 하나님을 잊지 않도록 하셨습니다. 하나님을 믿는 백성에게는 복을 주시고 죄를 짓는 사람은 징계나 여러 방법으로 죄에서 돌이킬 수 있도록 교훈히셨습니다. 또 선지자들을 통하여 그 뜻을 알리고 진리대로 살도록 인도하셨지요.

그런데 사람들은 순종하지 않고 계속 죄를 지어갔습니다. 이를 해결하기 위해 하나님께서는 때가 이르매 만세 전에 예비한 구세주 예수 그리스도를 보내시고 누구든지 믿음으로 구원에 이를 수 있는 길을 열어 주셨습니다.

🎔 성자 예수 그리스도는 누구신가

죄를 지은 사람은 다른 사람의 죄를 대속할 수 없기 때문에 인간 구원을 위해서는 죄가 전혀 없는 사람이 필요했습니다. 그래서 하나님께서 친히 육신을 입고 이 땅에 오셨는데 그분이 바로 예수님입니다. 죄의 삯은 사망이므로 예수님께서는 우리의 죄를 대속하기 위하여 십자가 처형을 당해야 했습니다. 피 흘림이 없이는 죄 사함이 없기 때문입니다(레 17:11 ; 히 9:22).

하나님의 뜻 가운데 율법의 저주에서 속량하시려고 나무 십자가에 달려 죽으신 예수님은 모든 인류의 죄를 대속하시고 장사된 지 사흘 만에 죽은 자 가운데서 살아나셨습니다. 그래서 누구든지 예수 그리스도를 구세주로 믿으면 죄를 용서받아 구원에 이릅니다. 부활의 첫 열매가 되신 예수님처럼 우리 역시 장차 부활하여 천국에 들어가는 것입니다.

요한복음 14장 6절을 보면 "내가 곧 길이요 진리요 생명이니 나로 말미암지 않고는 아버지께로 올 자가 없느니라" 말씀합니다. 예수님은 하나님께서 다스리는 천국에 들어가는 길이 되고, 말씀이 육신이 되어 이 땅에 오셨으니 진리 자체가 되며, 구원받아 영생을 얻게 하니 생명이 되신다는 것입니다.

예수님께서는 이 땅에 계실 때에 하나님의 법도를 온전히 지키셨습니다. 이스라엘의 법을 좇아 태어난 지 8일 만에 할례를 받고 30세가 되기까지 부모와 함께 있으면서 도리를 다하셨습니다. 이처럼 원죄와 자범죄가 전혀 없으니 베드로전서 2장 22절에 "저는 죄를 범치 아니하시고 그 입에 궤사도 없으시며" 말씀합니다.

그 후에 하나님의 뜻 가운데 40일 금식을 하며 자신이 이뤄야 할 사역의 길을 가셨습니다. 많은 사람에게 살아 계신 하나님을 알리고 천국 복음을 전했으며 그 능력을 나타내셨지요. 하나님이 참 신이시며 인류의 생사화복을 주관하는 분이라는 것을 확실히 보여 주셨습니다.

예수님께서 이 땅에 오신 이유는 바로 성부 하나님을 알리고, 원수 마귀를 멸하며 우리를 죄에서 구원하여 영생의 길로 가게 하기 위해서입니다. 그래서 요한복음 4장 34절에 "나의 양식은 나를 보내신 이의 뜻을 행하며 그의 일을 온전히 이루는 이것이니라" 말씀하신 것입니다.

❀ 구세주가 되시는 예수 그리스도

예수 그리스도는 단순히 세계 4대 성인 중의 한 사람이 아닙니다. 인류에게 구원의 길을 열어 준 구세주가 되시니 피조물인 사람과 같은 대열에 놓을 수 없습니다. 빌립보서 2장 6~11절을 보면 "그는 근본 하나님의 본체시나 하나님과 동등됨을 취할 것으로 여기지 아니하시고 오히려 자기를 비어 종의 형체를 가져 사람들과 같이 되었고 사람의 모양으로 나타나셨으매 자기를 낮추시고 죽기까지 복종하셨으니 곧 십자가에 죽으심이라 이러므로 하나님이 그를 지극히 높여 모든 이름 위에 뛰어난 이름을 주사 하늘에 있는 자들과 땅에 있는 자들과 땅 아래 있는 자들로 모든 무릎을 예수의 이름에 꿇게 하시고 모든 입으로 예수 그리스도를 주라 시인하여 하나님 아버지께 영광을 돌리게 하셨느니라" 말씀합니다.

예수 그리스도가 이렇게 하나님의 뜻에 순종하며 희생하셨기 때문에 지극히 높여 하나님 보좌 우편에 앉게 하시고 만왕의 왕, 만주의 주로 세우신 것입니다.

보혜사 성령은 누구신가

예수님께서 이 땅에 계실 때에는 사람의 몸을 입었기 때문에 시공간의 제약을 받아야 했습니다. 유대와 사마리아, 갈릴리 지방에는 두루 다니며 복음을 전했지만 다른 지역에는 복음을 전하지 못했습니다. 그런데 예수님께서 부활 승천하신 뒤에 보내 주신 보혜사 성령은 시공간을 초월하여 온 인류에게 임합니다.

보혜사란 '어떤 사람을 위한 대언자로서 변호하며 설득하고 잘못을 깨닫게 하는 사람, 또는 상담자로서 권고하고 힘을 북돋우고 위로해 주는 사람'을 가리킵니다.

성령은 하나님과 한 분으로서, 하나님의 깊은 마음까지 통달하는 거룩한 영이십니다(고전 2:10). 죄인은 하나님을 볼 수 없으므로 죄인된 사람에게는 성령이 임할 수 없습니다. 따라서 예수님께서 십자가에 달리심으로 보혈을 흘려 우리의 죄를 대속하기 전에는 성령께서 우리 마음 안에 오실 수 없었습니다.

그러나 예수님께서 죽으셨다가 부활한 뒤에는 죄의 문제가 해결되었으므로 누구든지 마음 문을 열고 예수 그리스도를 영접하면 성령이 임합니다. 믿음으로 의롭다 인정받으면 하나님께서 성령을 선물로 주셔서 마음 안에 내주하게 되는 것입니다. 우리는 성령을 통하여 하나님과 교통할 수 있게 되었고 성령은 우리를 도우며 이끌어 가십니다.

그러면 하나님께서 왜 보혜사 성령을 하나님 자녀들에게 선물로 주시는 것일까요? 하나님 마음인 성령이 우리 가운데 오셔서 아담의 범죄 후 죽었던 사람의 영을 살리지 않고는 결단코 진리 가운데 들어갈 수 없기 때문입니다. 우리가 예수 그리스도를 믿고 성령을 받으면 성령이 우리 마음 안에 오셔서 진리인 하나님의 법을 깨우쳐 주시므로 그 법대로 살아갈 수 있습니다.

❦ 보혜사 성령의 역사

첫째로, 성령께서 하시는 일은 우리를 거듭나게 하는 것입니다. 거듭남을 통해 하나님을 알고 하나님의 법을 깨달으며 지키도록 합니다. 예수님께서 "사람이 물과 성령으로 나지 아니하면 하나님 나라에 들어갈 수 없느니라 육으로 난 것은 육이요 성령으로 난 것은 영이니"(요 3:5~6) 말씀하신 것이 이러한 이유입니다. 우리가 물과 성령으로 거듭나지 않으면 구원받을 수 없다는 것입니다.

여기서 물이란 영생수로서 하나님 말씀을 의미합니다. 즉, 하나님 말씀인 진리로 깨끗하게 변화되어야 한다는 것입니다. 그러면 성령으로 거듭난다는 것은 무슨 뜻일까요? 우리가 예수 그리스도를 영접하면 하나님께서 성령을 선물로 주시고 자녀로 인치십니다(행 2:38). 성령받은 하나님의 자녀는 진리의 말씀을 듣고 선악을 분별할 수 있게 되고 중심을 다해 기도하면 하나님이 은혜와 능력을 주셔서 말씀대로 살아갑니다. 이것이 성령으로 거듭나는 것이며, 성령으로 영을 낳는 만큼 진리로 변화되고 하나님께서 주시는 영적인 믿음을 소유하게 됩니다.

둘째로, 성령께서는 우리의 연약함을 도와 말할 수 없는 탄식으로 기도할 수 있도록 이끌어 가며 우리를 깨뜨려 좋은 그릇으로 만드십니다(롬 8:26). 그리고 "보혜사 곧 아버지께서 내 이름으로 보내실 성령 그가 너희에게 모든 것을 가르치시고 내가 너희에게 말한 모든 것을 생각나게 하시리라"(요 14:26) 한 대로 우리를 진리 가운데로 인도하며 장래 일을 알려 주십니다(요 16:13).

나아가 성령의 소욕에 순종하여 열매를 맺으며 은사를 받게 하십니다. 곧 성령을 받아 진리대로 행하면 성령의 열매인 사랑과 희락과 화평과 오래 참음과 자비와 양선과 충성과 온유와 절제의 열매를 맺도록 역사하십니다(갈 5:22~23). 뿐만 아니라 신앙생활에 유익한 지혜의 말씀, 지식의 말씀, 믿음, 병 고치는 은사, 능력 행함, 예언함, 영들 분별함, 방언, 방언 통역의 은사를 주십니다(고전 12:7~10).

이 밖에도 성령께서는 우리에게 친히 말씀하기도 하고(행 10:19), 지시도 하며(행 8:29), 하나님의 뜻이 아닐 때에는 길을 막기도 합니다(행 16:6).

❧ 구원의 섭리를 이루시는 삼위일체 하나님

이러한 성부, 성자, 성령 하나님께서는 본래 하나이셨습니다. 태초에는 소리를 머금은 빛으로 계시면서 모든 세계를 다스리셨지요(요 1:1 ; 요일 1:5). 그런데 어느 때부터인가 하나님께서는 서로 사랑을 주고받을 수 있는 참 자녀를 얻기 위해 인간 경작의 섭리를 계획하셨습니다. 근본 하나님께서 거하시던 하나의 공간을 여럿으로 나누고 삼위일체 하나님으로 존재하시게 되었습니다.

성자 하나님이신 예수 그리스도가 근본 하나님으로부터 나셨으며(행 13:33 ; 히 5:5), 성령님 역시 근본 하나님으로부터 나왔습니다(요 15:26 ; 갈 4:6). 그래서 성부, 성자, 성령 삼위일체 하나님은 천지 만물의 창조부터 시작하여 백보좌 대심판에 이르기까지 모든 인간 구원의 섭리를 함께 이루고 계십니다.

예를 들어, 예수님께서 십자가에 달리실 때에도 예수님만 고통당하신 것이 아니라 하나님과 성령님께서도 함께 고통을 느끼셨습니다. 또한 성령님께서 이 땅의 영혼들을 위해 애통함으로 간구하며 사역하실 때에도 한마음으로 이루시는 것이지요.

요한일서 5장 8절에 "증거하는 이가 셋이니 성령과 물과 피라 또한 이 셋이 합하여 하나이니라" 하셨습니다. 물은 영적으로 말씀이신 하나님의 사역이며 피는 십자가에 달려 피 흘리신 주님의 사역을 말합니다. 삼위일체 하나님이 하나 되어 사역하심으로 믿는 자녀들에게 구원받은 증거를 주시는 것입니다.

또한 마태복음 28장 19절을 보면 "아버지와 아들과 성령의 이름으로 세례를 주고" 했고, 고린도후서 13장 13절에도 "주 예수 그리스도의 은혜와 하나님의 사랑과 성령의 교통하심이 너희 무리와 함께 있을지어다" 하여 삼위일체 하나님의 이름으로 세례를 주고 축복한 내용이 나옵니다.

이처럼 성부, 성자, 성령 삼위일체 하나님은 근본 속성이 같고 마음과 생각이 일치하기 때문에 질서 가운데 인간 경작을 위한 역할이 정확히 나뉘어져 있습니다. 하나님께서는 친히 치리하시던 구약 시대와 인류의 구세주가 되기 위해 이 땅에 오신 예수님께서 사역하셔야 할 신약 시대, 그리고 또 다른 보혜사이신 성령님께서 사역하시는 은혜의 시대를 명확히 구분하고 삼위일체 하나님께서 각각 그 시대에 맞게 뜻을 이루어 오신 것입니다.

사도행전 2장 38절을 보면 "너희가 회개하여 각각 예수 그리스도의 이름으로 세례를 받고 죄 사함을 얻으라 그리하면 성령을 선물로 받으리니" 했습니다. 또 고린도후서 1장 22절에 "저가 또한 우리에게 인치시고 보증으로 성령을 우리 마음에 주셨느니라" 했으니 예수 그리스도를 영접하여 성령을 받으면 하나님의 자녀가 되는 권세(요 1:12)를 얻을 뿐만 아니라 성령의 인도를 받아 죄를 버리고 빛 가운데 살아갈 수 있습니다. 그런 사람은 영혼이 잘됨같이 범사가 잘되고 영육간에 강건한 축복을 받으며 천국에서 영생을 누립니다.

만일 성부 하나님만 계시면 온전히 구원받을 수 없습니다. 죄가 씻겨야 하나님 나라에 갈 수 있기 때문에 반드시 예수 그리스도가 필요합니다. 또한 우리가 죄를 버리고 하나님의 형상을 찾아가려면 성령님의 도움이 필요합니다. 이렇게 성부, 성자, 성령 삼위일체 하나님이 저마다의 일을 감당하며 우리를 도와주시므로 온전한 구원을 얻고 하나님께 영광 돌릴 수 있습니다.

육체와 육체의 일

육체란 영적으로 우리 마음에 있는 비진리의 속성이 행함으로 드러난 것을 총칭한다. 즉 미움과 시기, 간음과 교만 등 잠재된 비진리가 폭력, 욕설, 살인 등 구체적인 행위로 나타난 것을 '육체'라고 하며, 이러한 죄를 하나하나 분류해 놓은 것을 '육체의 일'이라고 한다.

육신의 정욕, 안목의 정욕, 이생의 자랑이란?

육신의 정욕이란 육신을 좇아 죄를 범하고자 하는 속성이다. 사람의 마음에 미움, 교만, 혈기, 게으름, 간음 등 죄의 속성이 있는데, 이것이 유발될 수 있는 어떤 환경을 만나면 육신의 정욕이 나온다. 예를 들어, 판단 정죄의 속성이 있으면 남의 소문을 듣는 것을 좋아하고, 수군수군하는 것이 재미있게 느껴진다.

안목의 정욕이란 보고 듣는 것을 통해 마음이 동요되어 육의 것을 추구하게 만드는 속성을 말한다. 보고 듣는 모든 것이 느낌으로 와 닿아 안목의 정욕이 생기는데, 이를 차단하지 않고 계속 받아들이면 육신의 정욕을 유발하고 결국 죄를 짓게 된다.

이생의 자랑이란 현실의 모든 향락을 좇아 자기를 드러내기 위해 자랑하려는 속성을 말한다. 이것이 있으면 남들에게 자신을 드러내기 원하므로 자꾸 육의 것을 추구하게 된다.

Chapter 3

육체의 일

> 육체의 일은 현저하니 곧 음행과 더러운
> 것과 호색과 우상 숭배와 술수와 원수를
> 맺는 것과 분쟁과 시기와 분냄과 당 짓는
> 것과 분리함과 이단과 투기와 술 취함과
> 방탕함과 또 그와 같은 것들이라 전에 너
> 희에게 경계한 것같이 경계하노니 이런 일
> 을 하는 자들은 하나님의 나라를 유업으로
> 받지 못할 것이요 갈라디아서 5:19~21

신앙생활을 오래 하신 분들에게도 '육체의 일'이란 용어는 생소하기만 합니다. 대부분의 교회가 죄에 대하여 지적하지 않기 때문입니다. 그런데 마태복음 7장 21절에 "나더러 주여 주여 하는 자마다 천국에 다 들어갈 것이 아니요 다만 하늘에 계신 내 아버지의 뜻대로 행하는 자라야 들어가리라" 하셨으니 우리는 하나님의 뜻은 물론 하나님께서 싫어하시는 죄에 대해 알아야 합니다.

하나님께서는 겉으로 드러난 죄뿐만 아니라 미움, 시기, 질투는 물론 상대를 판단, 정죄하는 것, 무정함과 거짓된 마음 등을 모두 죄라고 하십니다. 성경을 보면 "믿음으로 좇아 하지 아니하는 모든 것"(롬 14:23), "선을 행할 줄 알고도 행치 아니하는 것"(약 4:17), "원하는 바 선은 하지 아니하고 도리어 원치 아니하는 바 악을 행하는 것"(롬 7:19~20), 육체의 일(갈 5:19~21), 육신의 일(롬 8:5) 등을 총칭하여 죄라고 정의합니다.

이러한 죄가 담이 되어서 하나님과 우리 사이를 가로막는 것입니다. 이사야 59장 1~3절에 "여호와의 손이 짧아 구원치 못하심도 아니요 귀가 둔하여 듣지 못하심도 아니라 오직 너희 죄악이 너희와 너희 하나님 사이를 내었고 너희 죄가 그 얼굴을 가리워서 너희를 듣지 않으시게 함이니 이는 너희 손이 피에, 너희 손가락이 죄악에 더러웠으며 너희 입술은 거짓을 말하며 너희 혀는 악독을 발함이라" 하셨습니다. 그러면 하나님과 우리 사이를 가로막는 죄의 담으로는 구체적으로 무엇이 있을까요?

육신의 일과 육체의 일

일반적으로 사람의 몸을 지칭할 때 신체 혹은 육신, 육체라는 말을 별다른 구분없이 사용합니다. 그러나 영적인 뜻은 이와 다릅니다. 갈라디아서 5장 24절에 "그리스도 예수의 사람들은 육체와 함께 그 정과 욕심을 십자가에 못 박았느니라" 했습니다. 이 말씀의 의미는 우리 몸을 십자가에 못 박는다는 말이 아닙니다.

육체라는 단어의 영적 의미를 알아야 정확하게 이해할 수 있지요. 물론 성경에 나오는 육체, 육신, 육 등이 모두 영적 의미만을 담은 것은 아니며, 단순히 몸을 지칭하는 경우도 있습니다. 그러므로 우리가 정확한 뜻을 알아야 어떤 것은 영적 의미로 쓰였고 어떤 것은 그렇지 않은지 분별할 수 있습니다.

원래 사람은 영, 혼, 육을 가진 생령으로 창조되어 죄가 없었지만, 하나님 말씀에 불순종한 뒤 죄인이 되었습니다. '죄의 삯은 사망'(롬 6:23)이니 사람의 주인인 영이 죽고 사람의 몸은 세월이 흐름에 따라 노화되어 결국 썩어 한 줌의 흙으로 돌아가는 육의 몸이 된 것입니다. 그래서 육의 몸 안에 죄를 담고, 행함으로 죄를 짓는데 이것이 바로 육신, 육체라는 단어와 연결이 됩니다.

'육신'이란 진리가 빠져나간 사람의 몸과 죄성이 결합된 것을 말합니다. 따라서 성경에서 말하는 육신이란 행위로 나타나지 않았지만 언제든지 유발될 수 있는 죄의 총칭입니다. 즉 생각으로 범죄하는 것을 포함하여 우리 몸에 있는 죄의 성질이 결합된 총체를 뜻합니다. 그리고 이것을 낱낱이 분류해 놓은 것이 '육신의 일'입니다.

다시 말해 미움, 교만, 혈기, 판단, 정죄, 간음, 욕심과 같은 죄성들을 통틀어 말하면 육신이고, 그 하나하나를 따로 말할 때에는 육신의 일이 되는 것입니다. 이렇게 마음속에 육신의 일이 남아 있는 한 언제든지 환경이 만들어지면 범죄 행위로 나타날 수 있습니다. 예를 들어, 마음에 거짓된 속성이 있으면 평소에는 잘 나타나지 않더라도 자신에게 불리하거나 위급한 상황이 오면 상대를 속이는 말과 행동이 나오게 된다는 것입니다.

이처럼 행함으로 나타난 죄를 총칭하여 '육체'라고 하며, 이것을 낱낱이 분류해 놓은 것을 '육체의 일'이라고 합니다. 만일 누군가를 때리고 싶은 마음이 있다면 이런 나쁜 마음 자체가 육신의 일이고, 실제로 상대를 구타했을 때에는 육체의 일이 되지요.

창세기 6장 3절을 보면 "여호와께서 가라사대 나의 신이 영원히 사람과 함께하지 아니하리니 이는 그들이 육체가 됨이라" 하셨습니다. 하나님께서는 육체가 된 사람과는 영원히 함께하지 않음을 말씀합니다. 그러면 하나님께서 우리와 함께하시지 않는다는 것일까요? 그렇지 않습니다. 우리는 예수 그리스도를 영접하고 성령받아 거룩한 하나님 자녀로 거듭났기 때문에 육체의 사람이 아닙니다.

하나님 말씀대로 행하며 성령의 소욕을 좇아가면 성령으로 영을 낳아 영의 사람으로 변화되기 때문이지요. 영이신 하나님께서는 영의 사람이 되어가는 우리와 함께하십니다. 그러나 믿는다 하면서도 여전히 죄를 짓고 육체의 일을 하는 사람은 하나님께서 함께하시지 않습니다. 성경 곳곳에 이러한 사람은 구원받을 수 없음을 누누이 강조합니다(시 92:7 ; 마 7:21 ; 롬 6:23).

✤ 하나님 나라를 유업으로 받지 못하는 육체의 일

우리가 죄 가운데 살다가 죄인임을 깨닫고 예수 그리스도를 영접하면 무엇보다도 현저하게 나타나는 육체의 일을 하지 않기 위해 노력합니다. 육신의 일도 하나님께서 기뻐하시지 않지만 육체의 일은 하나님 나라를 유업으로 받을 수 없으므로 더 경계해야 합니다.

요한일서 3장 4절에 "죄를 짓는 자마다 불법을 행하나니 죄는 불법이라"고 했는데 여기서 죄를 짓는 자란 구체적으로 육체의 일을 하는 사람을 말합니다. 또한 불의도 불법이므로 불의한 사람이 믿는다 해도 구원받지 못한다고 성경은 경고합니다.

고린도전서 6장 9~10절에 "불의한 자가 하나님의 나라를 유업으로 받지 못할 줄을 알지 못하느냐 미혹을 받지 말라 음란하는 자나 우상숭배하는 자나 간음하는 자나 탐색하는 자나 남색하는 자나 도적이나 탐람하는 자나 술 취하는 자나 후욕하는 자나 토색하는 자들은 하나님의 나라를 유업으로 받지 못하리라" 했습니다.

마태복음 13장에는 이들의 최후가 어떠한지 분명하게 알려 줍니다. "세상 끝에도 그러하리라 인자가 그 천사들을 보내리니 저희가 그 나라에서 모든 넘어지게 하는 것과 또 불법을 행하는 자들을 거두어 내어 풀무 불에 던져 넣으리니 거기서 울며 이를 갊이 있으리라" 하셨지요. 왜 이런 결과가 오는 것일까요? 죄를 버리려고 노력하지 않은 채 세상의 비진리와 타협하며 살았기 때문입니다. 하나님 보시기에 알곡이 아닌 쭉정이 신자인 것이지요.

그러므로 무엇보다 먼저 하나님과 우리 사이를 가로막고 있는 죄의 담이 무엇인가 발견하여 헐어버려야 합니다. 죄 문제를 해결해야 하나님 보시기에 믿음이 있다 인정받고 알곡 신자로 성장하는 것입니다. 그럴 때 응답받고 치료의 역사나 축복도 임할 수 있습니다.

❖ 현저한 육체의 일들

육체의 일은 행위로 나타나기 때문에 타락하고 부패한 죄의 모습이 우리 눈에 드러납니다. 육체의 일 가운데 가장 현저하게 나타나는 것이 음행과 더러운 것과 호색입니다. 이는 성적(性的)인 죄로서 구원받을 수 없는 것이니 만일 자신에게 해당된다면 신속히 회개하고 돌이켜야 합니다.

1) 음행과 더러운 것과 호색

'음행'이란 무엇을 뜻할까요?

첫째로, 결혼하지 않은 남녀가 서로 육체 관계를 갖는 것을 말합니다. 오늘날에는 죄가 가득 차서 결혼 전에 성관계를 갖는 것이 일반화되었습니다. 앞으로 결혼할 사이이며 서로 사랑한다 해도 이는 진리에 합당치 않습니다. 그런데 오늘날에는 이를 부끄러워하거나 죄로 여기지 않습니다. 드라마나 영화를 통해 사회에서 지탄받는 불륜이나 정상에서 이탈된 내용을 아름다운 사랑으로 미화시키기 때문입니다. 이것을 재미있다고 보는 사이에 죄에 대한 분별력이 약화되고 점점 무감각해집니다.

음행은 도덕이나 윤리적으로 보아도 옳지 않은 일인데 거룩하신 하나님께서 어찌 마땅하다고 여기시겠습니까? 서로 사랑한다면 결혼을 통하여 하나님께서 인정하시고 부모와 일가친척이 인정한 후에 부모를 떠나 한몸을 이루어야 합당합니다.

둘째로, '음행'이란 결혼한 남녀가 정조를 지키지 않는 부정한 것을 말합니다. 즉, 남편이나 아내가 있는 사람이 다른 남자나 여자를 취하는 경우이지요. 그런데 음행에는 사람 사이의 육적인 음행 외에도 영적인 음행이 있습니다. 하나님을 믿는다면서 우상을 섬기거나 점을 본다든가 사술이나 요사스러운 술법을 의지하는 것을 말합니다. 바로 악한 영을 섬기며 귀신을 숭배하는 것입니다.

민수기 25장을 보면 모압 평지에 머물던 이스라엘 백성이 모압 여인과 음행할 뿐 아니라 그들이 섬기는 신들에게 절한 사건이 나옵니다. 그 결과, 하나님의 진노가 임하여 하루에 이만 사천 명이 염병으로 죽었습니다. 따라서 하나님을 믿는다 하면서도 우상과 귀신을 의지하는 행함이 바로 영적인 음행이며 하나님을 배신하는 행위와 같습니다.

다음으로, '더러운 것'이란 모든 죄성에 관계되는 것으로 죄가 어느 정도를 넘어 난잡하게 이루어지는 일을 말합니다. 예를 들면, 음

행이 도를 넘어 강도가 모녀를 함께 성폭행하는 경우, 남녀가 집단
으로 혼숙하는 경우 등이 더러운 것입니다. 또한 시기하는 마음이
도를 넘으면 더러운 것이 됩니다. 시기하는 대상의 초상을 그려놓고
화살을 쏘거나 바늘로 찔러대는 것 등 극에 달하여 이상한 행동이
나왔다면 이는 더러운 것이지요.

　하나님을 믿기 전에는 얼마든지 미움, 시기, 간음 등의 죄성이 있을
수 있습니다. 아담의 원죄로 인해 인간의 본성 안에는 태어나면서부
터 비진리가 심겨 있기 때문입니다. 이러한 악들이 어느 한계를 넘고
도덕과 윤리를 벗어나 상대에게 큰 해를 끼치며 고통을 줄 때 '더럽
다' 표현하는 것입니다.

　'호색'은 여색을 좋아함, 또는 탐색, 탐음으로서 색욕을 좋아 각
종 옳지 못한 행동을 하는 것을 의미합니다. 음행과는 다른 것으로
생활 태도 전반에 걸쳐 음란에 젖은 생각과 말과 행동으로 사는 것
을 말합니다. 예를 들면, 사람이 짐승과 교접한다거나 여자끼리, 남
자끼리 동성연애하는 것, 각종 기구를 사용하는 것 등 이런저런 악
한 일이 있습니다.

　요즘에는 동성연애자들을 옹호하여 존중해야 한다고 주장합니
다. 그러나 이것은 분명 하나님을 거역하고 순리를 거스르는 일입니
다(롬 1:26~27). 그리고 몸은 남자인데 스스로를 여자로 여기거나, 여
자인데 남자로 생각하는 것, 나아가 성전환도 합당치 않습니다(신

22:5). 이것은 하나님의 창조 섭리를 거역하는 것이지요.

이와 같이 인간이 죄로 인하여 타락해 갈 때 먼저 성 도덕이 문란해집니다. 역사적으로 볼 때 성 문화가 타락할 때 하나님의 심판이 임했습니다. 소돔과 고모라나 폼페이가 그 좋은 예이지요. 오늘날 전 세계적으로 성 도덕이 돌이킬 수 없을 만큼 문란해지는 것을 볼 때 심판의 때가 가까웠음을 알 수 있습니다.

2) 우상 숭배와 술수와 원수 맺는 것

'우상'이란 크게 두 가지 의미가 있습니다.

첫째는, 형태가 없는 신을 물질적인 형상으로 나타낸 것으로서 새긴 우상이나 숭배의 대상이 되는 형상을 말합니다. 사람들은 눈에 보이고 손에 만져지며 피부로 느껴지는 것을 원합니다. 그래서 나무나 돌, 쇠붙이, 금, 은 따위로 사람이나 짐승, 새, 물고기 형상을 만들어 우상시하거나 일월성신을 신이라 부르고 경배하며 섬기는데(신 4:16~19) 이를 우상 숭배라고 합니다.

출애굽기 32장을 보면, 모세가 하나님의 율법을 받기 위해 시내 산으로 올라간 후 내려오지 않자 이스라엘 백성은 금송아지를 만들어 신으로 섬겼습니다. 수많은 기사와 이적을 보고도 믿지 못하고 이렇게 우상을 섬기는 이스라엘 백성에게 하나님께서는 진노하여 그들을 진멸하겠다고 말씀하셨습니다. 그때 모세의 기도로 목숨을 건졌지만 출애굽 당시 20세가 넘었던 사람들이 가나안에 들어가지 못한 채

광야에서 죽은 것을 볼 때 우상을 만들거나 절하고 섬기는 것을 하나님께서 얼마나 미워하시는지 알 수 있습니다.

둘째로, 하나님보다 더 사랑하는 것이 있다면 그것이 우상이 됩니다. 골로새서 3장 5~6절을 보면 "땅에 있는 지체를 죽이라 곧 음란과 부정과 사욕과 악한 정욕과 탐심이니 탐심은 우상 숭배니라 이것들을 인하여 하나님의 진노가 임하느니라" 했습니다.

예를 들어, 물질을 탐하는 마음이 있어 하나님보다 물질을 더 사랑한다면 돈을 벌려고 주일을 제대로 지키지 못합니다. 또한 자기 욕심을 좇아 하나님보다 남편, 아내, 자녀를 더 사랑하거나 혹은 명예, 권세, 지식, 오락, 텔레비전 프로그램, 운동 경기, 취미 생활, 이성 교제 등을 더 사랑하여 기도하기를 즐겨하지 않으며 신앙생활에 열심 내지 못한다면 우상 숭배가 됩니다.

혹 우상 숭배하지 말라고 하니 '마치 하나님만 섬기고 사랑하라는 것 아닌가?' 하고 하나님을 독선적인 분이라고 느끼는 사람이 있다면 이는 잘못된 생각입니다. 하나님께서 독재하기 위해 자신만을 사랑하라 말씀하신 것이 아닙니다. 사람이 사람답게 살아가도록 인도하기 위해서입니다. 하나님보다 다른 것을 더 사랑하고 섬기면 그것이 우상이 되어 사람의 본분을 행할 수 없고 죄를 버릴 수 없기 때문입니다.

다음으로, '술수'의 사전적인 뜻은 술법 또는 술책을 말합니다. 술법으로는 무당을 믿는 무속 신앙, 점치는 복술 등이 해당됩니다. 만일 대학 입시나 취업을 앞둔 자녀나 결혼할 배우자에 대해 점을 보러 가거나, 집안에 우환이 생기면 부적을 받아옵니다. 하나님 자녀라면 결코 이런 일을 해서는 안 됩니다. 오히려 악한 영을 끌어들여 더 큰 재앙을 초래할 뿐입니다.

술책은 꾀, 특히 남을 속이기 위한 꾀를 말합니다. 악한 계교를 써서 상대의 것을 가로채거나 함정에 빠뜨리는 일입니다. 영적으로 술수는 교묘한 거짓으로 상대를 꾀는 것들을 말합니다. 이 때문에 우리가 살아가는 사회 각 분야에서 사술이 나오는 것이지요.

'원수 맺는 것'이란 원한을 품고 상대방이 극단적으로 파멸되기를 원하는 것을 말합니다. 원수 맺는 사람의 마음을 살펴보면 상대가 자기 마음에 맞지 않거나 자신의 악한 감정 때문에 상대를 멀리하고 미워합니다. 그 정도가 지나치면 감정이 폭발하여 해를 가하는 경우가 있고, 상대를 비방하고 수군거리며 중상모략하는 각종 악한 일이 난무합니다.

사무엘상 16장을 보면 여호와의 신이 사울에게서 떠나자 악신이 그를 괴롭힙니다. 그때 다윗이 수금을 타자 사울은 상쾌하게 낫고 악신이 그에게서 떠납니다. 또한 다윗은 물맷돌로 블레셋의 장수 거인 골리앗을 죽여 위기에 빠진 나라를 구하는 등 생명 다해 사울에게 충성하였습니다. 그런데도 사울은 다윗에게 왕위를 빼앗길까 두려워 그를 죽이려고 오랜 세월 쫓아다녔습니다. 결국 사울은 하나님께 버림받았지요. 하나님 말씀에 원수도 사랑하라 하셨으니 우리는 누구와도 원수 맺는 일이 없어야 합니다.

3) 분쟁과 시기와 분냄

'분쟁'이란 자기의 유익과 권세를 우선으로 여기며 이를 얻기 위해 다투는 것을 말합니다. 대부분 욕심에서 시작되기 때문에 다툼을 초래하는데 이에는 국가나 정당간에 또는 가정, 교회, 개인 사이에 일어나는 분쟁이 있습니다.

국가적인 분쟁의 예로는 조선시대 말 고종의 아버지 대원군과 그의 며느리 명성황후가 10여 년간이나 외세를 등에 업고 권력 다툼한 것을 들 수 있습니다. 이로 인해 청일 전쟁과 러일 전쟁이 발발하였고, 나라가 어지러워 임오군란과 갑신정변, 동학혁명이 일어났습니다. 그 와중에 많은 대신이 살해되고 명성황후 역시 일본 낭인들의 손에 살해되었습니다. 결국 분쟁으로 국권이 일본에 넘어가고 말았지요.

또한 부부나 부모 자녀 간에 분쟁하는 경우가 있습니다. 부부가 서로 자기 마음에 맞춰 주기 원하니 그 욕구가 충족되지 않을 때 분쟁이 일어나며 갈라서기도 합니다. 심지어 서로 고소하고 원수 맺는 경우도 있습니다. 교회 안에서도 분쟁하면 사단의 역사가 일어나 부흥이 안 되며 모든 분야가 바로 서지 못합니다.

성경에도 이러한 분쟁의 예가 자주 나옵니다. 다윗 왕의 아들 압살롬이 다윗을 반역하여 전쟁이 벌어지니 하루에 2만 명이 살육당한 기록이 사무엘하 18장 7절에 있습니다. 또한 솔로몬 왕이 죽은 뒤 이스라엘이 남과 북으로 갈라졌고, 그 후로 끊임없이 분쟁이 있었습니다. 특히 북왕국 이스라엘은 분쟁으로 왕위가 자주 찬탈당했습니다. 이처럼 분쟁의 결과가 고통과 파멸로 치닫는다는 것을 알아 상대의 유익을 구함으로 화평을 이루시기 바랍니다.

다음으로, '시기'란 자신이 남보다 못하다고 느끼거나 자신보다 남이 낫다고 느낄 때 질투하여 상대를 멀리하고 미워하는 것입니다. 시기가 지나치면 악의에 찬 분노로 발전하며, 분쟁이 되고, 당 짓는 결과를 초래하기도 합니다.

성경을 상고하면 야곱의 두 아내인 레아와 라헬이 야곱을 사이에 두고 서로 시기하였습니다(창 30장). 사울 왕은 자신보다 백성의 사랑을 더 받는 다윗을 시기하였고(삼상 18:7~8), 가인은 동생 아벨을 시기하여 죽이기도 하였습니다(창 4:1~8). 이러한 시기는 자기의 욕심을 좇는 마음의 악에서 비롯되어 일어납니다.

그런데 제일 쉽게 발견할 수 있는 시기의 속성은 상대가 잘될 때 마음이 불편한 것입니다. 나아가 상대가 밉고 그가 가진 것을 빼앗고 싶습니다. 또 상대와 자신을 비교하며 낙심하는 것도 근본은 시기에서 비롯됩니다. 특히 나이나 신앙, 경력, 환경이 비슷한 사람에게 그러기가 더 쉽습니다. "네 이웃을 네 몸과 같이 사랑하라" 하신 대로 하나님께서는 상대가 나보다 낫다고 칭찬받으면 내가 인정받은 것과 같이 함께 기뻐하기를 원하십니다.

'분냄'이란 속으로 화가 나지만 그냥 참고 삭히는 정도의 단순한 분냄을 넘어 엄청난 결과를 초래하는 불의한 것을 말합니다. 자기 생각과 맞지 않으면 매사에 화를 내고 폭력은 물론, 죽이기까지 하는 경우이지요. 사소한 짜증을 냈다고 해서 구원받지 못하는 것은 아니지만 혈기라는 죄의 성질이 있으면 분냄이라는 행함으로 나올 수 있기 때문에 죄의 근본 뿌리까지 뽑아 버려야 합니다.

다윗이 백성으로부터 합당한 칭송을 들었는데도 시기 질투하며 분을 내서 다윗을 죽이려 쫓아다닌 사울과 같은 경우입니다. 성경 곳곳에 사울이 분내는 장면이 나옵니다. 다윗에게 창을 던지거나(삼상 18:11) 피신하는 다윗을 도와주었다고 해서 제사장들의 성읍 놉의 남녀와 아이들과 젖먹는 자들과 소와 나귀와 양을 칼로 쳤습니다(삼상 22:19). 이렇게 지나치게 분을 내면 엄청난 죄를 초래하는 것입니다.

4) 당 짓는 것과 분리함과 이단

'당 짓는 것'이란 자기 마음에 맞지 않는다는 이유로 하나 되지 않고 다른 그룹을 형성하는 것을 말합니다. 단순히 입장이 비슷한 사람끼리 더 친하거나 자주 만나는 것을 말하는 것이 아닙니다. 수군거리고 비방하며 판단 정죄하는 것을 의미합니다. 이는 가정이나 이웃, 교회 등 곳곳에서 볼 수 있는 현상입니다.

만일 자신이 섬기는 교역자가 마음에 맞지 않는다 하여 주위 사람들과 함께 수군거리며 서로 동조한다면 이는 사단의 회이며 당 짓는 것입니다. 섬기는 주의 종을 헤아리고 판단 정죄하니 교회가 부흥할 수 없습니다.

'분리함'이란 당을 만들어서 자기의 생각을 좇아 분리해 나가는 것입니다. 예를 들어, 교회 안에서 파를 만들어 갈라지는 경우입니다. 이는 하나님의 선하신 뜻에 거스르는 행위로 자신이 옳다 하는 생각과 자기 유익을 좇기 때문에 나타나는 현상입니다.

다윗의 아들 압살롬은 욕심을 좇아 아버지를 배반하여 반란을 일으켰습니다(삼하 15장). 이때 다윗의 모사였던 아히도벨을 비롯한 많은 이스라엘 백성이 압살롬을 좇아 다윗을 배반하였지요. 하나님께서 이렇게 육체의 일을 하는 사람은 버리시므로 결국 압살롬과 함께 그들도 패하여 비참한 최후를 맞이하였습니다.

'이단'이란 자기들을 사신 주를 부인하고 임박한 멸망을 스스로 취하는 자들(벧후 2:1)이라고 성경에 정의하고 있습니다. 예수 그리스도께서는 보혈을 흘려 죄 가운데 있는 우리를 구원하셨으니 곧 보혈로 우리를 사신 것입니다. 하나님을 믿는다면서 삼위일체 하나님을 부인하거나 보혈로 우리를 사신 예수 그리스도를 부인한다면 스스로 멸망을 자초하는 것과 같습니다.

그런데 간혹 이러한 이단의 정의를 알지 못한 채 자신들과 조금 다르다는 이유만으로 쉽게 이단으로 정죄하는 경우가 있습니다. 이는 매우 위험한 일이며 성령 훼방에 해당합니다. 성부, 성자, 성령 삼위일체 하나님을 믿으며 예수 그리스도를 부인하지 않으면 이단이라 정죄할 수 없습니다.

5) 투기와 술취함과 방탕함

'투기'란 시기, 질투가 발전해서 행위로 나타나는 것을 말합니다. 시기는 상대가 잘되는 것에 시샘하는 것을 의미하며, 투기란 여기서 나아가 상대에게 해를 끼치는 등의 행위로 나타낸 것입니다. 보통, 여자들 사이에 많지만 남자들 사이에도 얼마든지 투기가 일어날 수 있으며 발전하면 살인과 같은 큰 죄를 낳기도 합니다. 비록 살인까지 저지르지는 않는다 해도 상대를 해코지하여 갖가지 계략을 꾸미며 악을 행하게 됩니다.

다음으로 '술취함'이 있습니다. 성경을 보면 노아가 홍수 심판 후에 포도주를 마시고 취해서 실수한 내용이 나오는데 결국 노아가 자신의 허물을 드러낸 둘째 아들을 저주하는 결과를 낳았습니다. 에베소서 5장 18절을 보면 "술 취하지 말라 이는 방탕한 것이니 오직 성령의 충만을 받으라" 하셨습니다. 술 취함은 죄가 된다는 것입니다.

성경에 포도주를 마신 기록이 나오는 이유는 이스라엘에 메마른 광야가 많고 물이 귀하기 때문입니다. 물을 대신할 음료수로 순수한 열매즙인 포도주와 당분이 더 진한 열매로 만든 독주를 허락한 것입니다(신 14:26). 그러나 이스라엘 백성은 물 대신 음료수로 마실 뿐 취할 만큼 많은 양을 마시지는 않았습니다. 더구나 우리나라의 경우 물이 흔하여 음료수로 물을 마시면 되기 때문에 포도주나 독주를 마실 필요가 없지요.

성경을 보면 원래 하나님께서 믿는 사람들에게 술을 허락하신 것이 아님을 알 수 있습니다(레 10:9 ; 롬 14:21). 잠언 31장 4~6절을 보면 "르무엘아 포도주를 마시는 것이 왕에게 마땅치 아니하고 왕에게 마땅치 아니하며 독주를 찾는 것이 주권자에게 마땅치 않도다 … 독주는 죽게 된 자에게, 포도주는 마음에 근심하는 자에게 줄지어다" 말씀합니다.

더러는 취하지 않을 정도로 적당히 마시는 것은 괜찮지 않느냐고 말합니다. 그러나 적게 마신다 해도 적게 취할 뿐 취하기는 마찬가지입니다. 술에 취하면 자신을 절제할 수 있는 힘을 잃기 때문에 평소에는 온순하던 사람이 난폭해지기도 합니다. 말을 함부로 하거나 행동이 거칠어지고 행패를 부리는 사람도 있습니다. 또한 술로 인하여 이성과 판단력이 흐려져서 각종 범죄를 저지르는 경우도 있습니다. 술 때문에 건강을 해치는 경우도 흔하고, 알코올중독이 되면 자신뿐 아니라 온 가족이 함께 고통을 겪습니다. 술이 이렇게 해롭다는 것을 알면서도 한번 습관이 되면 끊지 못하고 계속 마시는 경우가 많습니다. 그러니 육체의 일 중에 술 취함이 포함될 수밖에 없지요.

'방탕함'에는 여러 가지가 있습니다. 술과 게임, 도박 등에 빠져 가장이 자기 책임을 다하지 못하거나 부모가 자녀를 잘 돌보지 않는 것도 하나님 보시기에 방탕한 것입니다. 또한 자기를 지키지 못하고 성적 쾌락을 추구하는 등 음란한 생활을 하거나 자기 마음대로 세상을 살아가는 것도 방탕입니다.

뿐만 아니라 요즘에는 소위 명품이라 불리는 사치품 때문에 방탕한 생활을 하는 일도 있다고 합니다. 자기 분수에 맞지 않는 거액의 가방, 옷, 장신구 등을 신용카드로 무리하게 구입했다가 큰 빚을 지는 것입니다. 갚을 길이 없어 범죄하거나 자살을 하는 경우도 있지요. 결국 탐심을 절제하지 못하고 방탕하여 재앙을 초래하는 것입니다.

6) 또 그와 같은 것들이라

하나님께서는 이 외에도 이와 유사한 육체의 일이 많이 있음을 말씀합니다. 혹 '그 많은 죄를 어떻게 다 버릴 수 있을까?' 하며 처음부터 포기해서는 안 됩니다. 아무리 많은 죄가 있다 해도 마음에 굳게 결단하고 노력하면 능히 버릴 수 있습니다. 육체의 일을 하지 않으려고 힘쓰면서 더 열심히 선을 행하며 쉬지 않는 기도 가운데 하나님 은혜를 입으면 신속히 변화될 수 있습니다. 사람으로서는 할 수 없어도 하나님 능력으로는 모든 것을 다 할 수 있기 때문입니다(막 10:27).

만일 성령을 받고 육체의 일을 거듭 행하면 하나님 나라를 유업으로 받지 못하는 것을 들어 알면서도 세상 사람과 똑같이 죄악 가운데 방탕하게 산다면 어떻게 될까요? 이는 육체의 사람으로서 쭉정이 신자에 불과하므로 구원받을 수 없습니다. 고린도전서 15장 50절에 "혈과 육은 하나님 나라를 유업으로 받을 수 없고" 하셨고, 요한일서 3장 8절에는 "죄를 짓는 자는 마귀에게 속하나니 마귀는 처음부터 범죄함이니라" 했습니다.

따라서 육체의 일을 행하여 하나님과 막힌 죄의 담이 자꾸 쌓이면 하나님을 만나거나 응답받을 수도, 하나님 나라 곧 천국을 유업으로 받을 수도 없음을 명심해야 하겠습니다.

그런데 예수 그리스도를 영접하고 성령을 받았다 하여 처음부터 육체의 일을 모두 끊을 수 있는 것은 아닙니다. 성령의 도우심 속에 거룩하게 살기 위해 노력하면서 불같이 기도하면 육체의 일을 하나

하나 버릴 수 있습니다. 아직 버리지 못한 것이 있다 해도 버리고자 열심히 노력하는 사람은 하나님께서 육체의 사람이라 하지 않으며 믿음으로 의롭게 된 하나님 자녀로서 구원에 이르게 하십니다.

그렇다 하여 여전히 육체의 일을 행하는 단계에 머물러서는 안 됩니다. 육체의 일뿐만 아니라 겉으로 드러나지 않는 육신의 일까지 버리기 위해 노력해야 합니다. 구약 시대에는 성령이 오시지 않았기 때문에 사람의 능력으로는 육신의 일을 버릴 수 없었지만 신약 시대에는 성령의 도움으로 육신의 일을 벗어 버리고 성결을 이룰 수 있습니다.

예수 그리스도께서 십자가 보혈로 이미 죄를 용서해 주시고 보혜사 성령을 보내 주셨기 때문입니다. 그러므로 성령의 도움을 받아 육체의 일과 육신의 일을 벗어 버림으로 하나님 참 자녀로 인정받을 수 있기 바랍니다.

Chapter 4

회개에 합당한 열매를 맺으라

이때에 예루살렘과 온 유대와 요단강 사방에서
다 그에게 나아와 자기들의 죄를 자복하고 요단
강에서 그에게 세례를 받더니 요한이 많은 바리
새인과 사두개인이 세례 베푸는 데 오는 것을 보
고 이르되 독사의 자식들아 누가 너희를 가르
쳐 임박한 진노를 피하라 하더냐 그러므로 회개
에 합당한 열매를 맺고 속으로 아브라함이 우리
조상이라고 생각지 말라 내가 너희에게 이르노니
하나님이 능히 이 돌들로도 아브라함의 자손이
되게 하시리라 이미 도끼가 나무 뿌리에 놓였으
니 좋은 열매 맺지 아니하는 나무마다 찍어 불에
던지우리라 마태복음 3:5~10

세례 요한은 예수님보다 먼저 태어나 주의 길을 평탄하게 예비한
선지자입니다. 그는 자기가 태어난 목적이 무엇인지를 잘 알았기 때
문에 때가 이르자 메시아로 오시는 예수님을 널리 알렸습니다. 당시

이스라엘 사람들은 자기 민족을 구원해 줄 메시아를 고대하고 있었습니다. 그래서 세례 요한은 유대 광야에서 "회개하라 천국이 가까웠느니라"고 외치며 죄를 자복하는 자에게는 물로 세례를 베풀고 예수님을 구세주로 영접하게 했습니다.

마태복음 3장 11~12절을 보면 "내 뒤에 오시는 이는 나보다 능력이 많으시니 나는 그의 신을 들기도 감당치 못하겠노라 그는 성령과 불로 너희에게 세례를 주실 것이요 손에 키를 들고 자기의 타작 마당을 정하게 하사 알곡은 모아 곡간에 들이고 쭉정이는 꺼지지 않는 불에 태우시리라" 했습니다. 하나님 아들로서 이 땅에 오신 예수님께서 우리의 구세주가 되며 심판주가 되실 것을 미리 알려 준 것입니다.

세례 요한은 많은 바리새인과 사두개인이 세례 베푸는 데 오는 것을 보고 "독사의 자식들!"이라 무섭게 책망했습니다. 이들이 회개에 합당한 열매를 맺지 않으면 구원받을 수 없기 때문입니다. 그러면 그의 책망을 통해 우리가 구원받으려면 어떤 열매를 맺어야 하는지 살펴보겠습니다.

❧ 독사의 자식들아

바리새인과 사두개인은 각각 유대교의 당파에 속한 사람들입니다. 그중에 바리새인은 성별(聖別)된 자로 자처했습니다. 그들은 내세에 대해 의인의 부활과 악인의 심판을 믿었고 모세의 율법과 장로

의 유전을 철저히 지킨 사람들로서 상당한 사회적인 지위를 갖고 있었습니다.

한편 사두개인은 귀족적인 제사장들로 이루어진 기득권층으로 이들의 관심은 성전에 집중되어 있었고 바리새인과는 상반된 견해와 관습을 가지고 있었습니다. 그들은 당시 로마에 속한 정치 상황을 지지했고 부활이나 영혼의 영원성, 천사, 영적 존재에 대한 믿음은 거부했으며 하나님 나라도 현세적으로 보았습니다.

마태복음 3장 7절을 보면 세례 요한은 바리새인과 사두개인에게 "독사의 자식들아 누가 너희를 가르쳐 임박한 진노를 피하라 하더냐" 하면서 엄히 책망합니다. 하나님을 믿는다고 하는 이들을 '독사의 자식'이라고 표현한 이유는 무엇일까요?

바리새인과 사두개인은 하나님을 믿는다 하며 율법을 가르쳤지만 정작 하나님의 아들이신 예수님을 알아보지 못했습니다. 그래서 마태복음 16장 1~4절에 "바리새인과 사두개인들이 와서 예수를 시험하여 하늘로서 오는 표적 보이기를 청하니 예수께서 대답하여 가라사대 … 악하고 음란한 세대가 표적을 구하나 요나의 표적밖에는 보여 줄 표적이 없느니라 하시고 저희를 떠나 가시다" 말씀합니다.

또한 마태복음 9장 32~34절을 보면 "귀신 들려 벙어리 된 자를 예수께 데려오니 귀신이 쫓겨나고 벙어리가 말하거늘 무리가 기이히 여겨 가로되 이스라엘 가운데서 이런 일을 본 때가 없다 하되 바리새인들은 가로되 저가 귀신의 왕을 빙자하여 귀신을 쫓아낸다 하더라" 했습니다. 선한 사람이라면 예수님이 귀신을 내쫓았으니 함께 기뻐하며 하나님께 영광 돌릴 것입니다. 그런데 바리새인들은 오히려 예수님을 미워하며 마귀의 역사라고 판단 정죄합니다.

마태복음 12장에는 사람들이 꼬투리를 잡기 위해 예수님께 안식일에 병 고치는 것이 옳은지 묻는 장면이 나옵니다. 그들의 의도를 간파하신 예수님께서는 안식일에 구덩이에 빠진 양의 비유를 들어 안식일에 선을 행하는 것이 옳다고 깨우쳐 주신 뒤 손 마른 자를 고치셨습니다. 그러나 바리새인들은 깨닫기는커녕 어떻게 예수를 죽일까 의논하였지요. 자기들이 하지 못하는 일을 하니 시기 질투가 난 것입니다.

요한일서 3장 9~10절을 보면 "하나님께로서 난 자마다 죄를 짓지 아니하나니 이는 하나님의 씨가 그의 속에 거함이요 저도 범죄치 못하는 것은 하나님께로서 났음이라 이러므로 하나님의 자녀들과 마귀의 자녀들이 나타나나니 무릇 의를 행치 아니하는 자나 또는 그 형제를 사랑치 아니하는 자는 하나님께 속하지 아니하니라" 했습니다. 즉 범죄하는 사람은 하나님께 속하지 않는다는 것입니다.

바리새인과 사두개인들은 하나님을 믿는다면서도 악이 가득하여 시기, 질투, 미움, 교만, 판단, 정죄 등 육신의 일과 육체의 일을 행하였습니다. 형식적인 율법 준수와 세속적인 명예만을 추구한 것입니

다. 그들은 옛 뱀(계 12:9), 곧 사단의 사주를 받았기 때문에 세례 요
한은 이를 암시하기 위해 '독사의 자식들'이라고 표현하였습니다.

❧ 회개에 합당한 열매를 맺으라

하나님 자녀라면 당연히 빛 가운데 있어야 합니다. 하나님께서 빛
이시기 때문에(요일 1:5) 빛과 반대인 어둠 가운데 있다면 하나님 자
녀가 아닙니다. 하나님 말씀인 의를 행치 않거나 형제, 곧 믿음의 형
제를 사랑치 않는 사람은 하나님께 속하지 않으니(요일 3:10) 기도
한다 해도 응답받을 수 없습니다. 하나님의 역사를 체험할 수도, 구
원받을 수도 없습니다.

요한복음 8장 44절에 "너희는 너희 아비 마귀에게서 났으니 너희
아비의 욕심을 너희도 행하고자 하느니라 저는 처음부터 살인한 자
요 진리가 그 속에 없으므로 진리에 서지 못하고 거짓을 말할 때마
다 제 것으로 말하나니 이는 저가 거짓말쟁이요 거짓의 아비가 되었
음이니라" 말씀합니다.

모든 사람은 아담의 불순종 때문에 세상 어둠의 주관자인 원수
마귀의 자녀로 태어납니다. 예수 그리스도를 믿음으로 죄 용서를 받
은 사람만이 하나님 자녀로 새롭게 태어나는 것입니다. 하지만 예수
그리스도를 믿는다 하면서 여전히 마음에 죄악이 가득하다면 하나
님의 자녀라 할 수 없습니다.

우리가 하나님 자녀가 되어 구원에 이르려면 신속히 육신의 일과

육체의 일을 회개하고 성령의 소욕을 좇아 행함으로 회개에 합당한 열매를 맺어야 합니다.

❖ 아브라함이 너희 조상이라고 생각지 말라

바리새인과 사두개인들에게 회개에 합당한 열매를 맺으라고 외친 세례 요한은 이어서 "속으로 아브라함이 우리 조상이라고 생각지 말라 내가 너희에게 이르노니 하나님이 능히 이 돌들로도 아브라함의 자손이 되게 하시리라" 합니다(마 3:9).

이 말씀의 영적 의미는 무엇일까요? 아브라함의 자손이면 아브라함을 닮아야 합니다. 그런데 바리새인이나 사두개인들은 믿음의 조상이자 의인인 아브라함과 달리 마음속에 불법과 불의가 가득했습니다. 악을 행하며 마귀에게 순종하면서도 자신을 하나님의 자녀라고 생각하므로 아브라함을 비유 들어 책망한 것입니다. 하나님께서는 외모가 아닌 중심을 보십니다(삼상 16:7).

로마서 9장 6~8절을 보면 "이스라엘에게서 난 그들이 다 이스라엘이 아니요 또한 아브라함의 씨가 다 그 자녀가 아니라 오직 이삭으로부터 난 자라야 네 씨라 칭하리라 하셨으니 곧 육신의 자녀가 하나님의 자녀가 아니라 오직 약속의 자녀가 씨로 여기심을 받느니라" 했습니다.

믿음의 조상 아브라함에게는 여러 자녀가 있었지만 이삭의 후손만이 아브라함의 후손, 곧 약속의 후손이 되었습니다. 바리새인이나 사두개인들은 혈통으로는 이스라엘 백성이지만 아브라함과 달리 하나님 말씀을 지켜 행하지 않으므로 영적으로는 그의 자손이라 할 수 없지요.

마찬가지로 예수 그리스도를 영접하고 교회에 다닌다고 다 하나님의 자녀가 되는 것은 아닙니다. 하나님의 자녀란 믿음으로 구원받은 자녀입니다. 또한 믿는다는 것은 하나님 말씀을 듣는 것만이 아니라 지켜 행하는 것입니다. 입으로는 믿는다면서 마음에 하나님께서 싫어하시는 불의가 가득하면 결코 하나님 자녀라 할 수 없습니다.

만일 하나님께서 바리새인이나 사두개인처럼 악을 행하는 사람들을 자녀 삼기 원했다면 생명 없이 땅에 굴러다니는 돌들로 하나님 자녀를 만드셨을 것입니다. 그러나 그것은 하나님의 뜻이 아닙니다.

하나님께서는 사랑을 주고받을 수 있는 참 자녀를 원하셨습니다. 즉 아브라함처럼 하나님을 사랑하여 말씀에 온전히 순종하고 매사에 선과 사랑으로 행하는 자녀를 원하신 것입니다. 마음의 악을 버리지 않는 사람들은 하나님께 진정한 기쁨이 될 수 없기 때문입니다. 바리새인이나 사두개인들처럼 하나님 뜻을 좇지 않고 여전히 마귀의 뜻을 좇아 살아간다면 차라리 돌들로 아브라함의 자손을 만들지 수고스럽게 사람을 지어 경작할 필요가 없는 것입니다.

좋은 열매 맺지 아니하는 나무마다 불에 던지우리라

세례 요한은 바리새인과 사두개인들에게 "이미 도끼가 나무 뿌리에 놓였으니 좋은 열매 맺지 아니하는 나무마다 찍어 불에 던지우리라” 하였습니다. 하나님 말씀이 선포되었으니 행한 대로 심판을 받아 좋은 열매를 맺지 않는 나무, 곧 바리새인이나 사두개인들은 지옥불에 던져진다는 말입니다.

마태복음 7장 17~21절을 보면 예수님께서는 “이와 같이 좋은 나무마다 아름다운 열매를 맺고 못된 나무가 나쁜 열매를 맺나니 … 아름다운 열매를 맺지 아니하는 나무마다 찍혀 불에 던지우느니라 이러므로 그의 열매로 그들을 알리라 나더러 주여 주여 하는 자마다 천국에 다 들어갈 것이 아니요 다만 하늘에 계신 내 아버지의 뜻대로 행하는 자라야 들어가리라” 하셨습니다.

또 요한복음 15장 5~6절에는 “나는 포도나무요 너희는 가지니 저가 내 안에 내가 저 안에 있으면 이 사람은 과실을 많이 맺나니 나를 떠나서는 너희가 아무것도 할 수 없음이라 사람이 내 안에 거하지 아니하면 가지처럼 밖에 버리워 말라지나니 사람들이 이것을 모아다가 불에 던져 사르느니라” 말씀합니다. 하나님 뜻대로 행하며 아름다운 열매를 맺는 자녀는 천국에 들어가지만 그렇지 않는 사람은 마귀의 자녀로 지옥불에 던져진다는 것입니다.

성경을 보면 지옥을 표현할 때 불이라는 단어를 사용한 경우가 많습니다. 요한계시록 21장 8절을 보면 “두려워하는 자들과 믿지 아니하는 자들과 흉악한 자들과 살인자들과 행음자들과 술객들과 우상 숭배자들과 모든 거짓말하는 자들은 불과 유황으로 타는 못에 참예하리니 이것이 둘째 사망이라" 했습니다. 첫째 사망은 육의 생명이 끝남으로 죽는 것이라면 둘째 사망은 사람의 주인인 영혼이 심판을 받아 영원히 꺼지지 않는 지옥불에 떨어지는 것을 말합니다.

지옥은 불못과 유황못으로 되어 있습니다. 하나님을 믿지 않는 사람이나 믿는다고 해도 불의를 행하고 회개에 합당한 열매를 맺지 않으면 하나님과 상관이 없으니 지옥의 불못에 들어갑니다. 이때 사람으로서 할 수 없는 심한 악을 행하거나 하나님을 심히 대적하고 거짓 선지자같이 많은 사람을 지옥으로 인도한 사람들은 불못보다 칠 배나 뜨거운 유황못에 던져집니다(계 19:20).

더러는 한 번 성령받고 생명책에 이름이 기록되면 무슨 일이 있어도 구원받는다고 주장합니다. 그러나 그렇지 않습니다. 요한계시록 3장 1~5절을 보면 "네가 살았다 하는 이름은 가졌으나 죽은 자로다 … 이기는 자는 이와 같이 흰 옷을 입을 것이요 내가 그 이름을 생명책에서 반드시 흐리지 아니하고 그 이름을 내 아버지 앞과 그 천사들 앞에서 시인하리라" 했습니다. 살았다 하나 죽은 자 곧 예수 그리스도를 영접하여 생명책에 이름이 기록되었어도 다시 죄를 짓고 사망의 길로 간다면 그 이름을 지워 버릴 수 있다는 말씀입니다.

또한 출애굽기 32장 32~33절을 보면 이스라엘 백성이 우상을 만들어 섬겨 하나님을 진노케 하므로 그들을 멸하고자 할 때 모세는 자신의 이름을 생명책에서 지워 버릴지라도 이스라엘 백성을 구원해 줄 것을 간청하였습니다. 그러자 하나님께서는 "누구든지 내게 범죄하면 그는 내가 내 책에서 지워 버리리라" 하십니다. 생명책에 이름이 기록되었다 해도 합당치 않으면 지워 버릴 수 있다는 말씀입니다.

이 밖에도 성경은 믿는 자들 중에서 알곡과 쭉정이를 가를 것을 곳곳에 기록하고 있습니다. 마태복음 3장 12절에는 "손에 키를 들고 자기의 타작 마당을 정하게 하사 알곡은 모아 곡간에 들이고 쭉정이는 꺼지지 않는 불에 태우시리라" 하셨으며, 마태복음 13장 49~50절에 "세상 끝에도 이러하리라 천사들이 와서 의인 중에서 악인을 갈라내어 풀무불에 던져 넣으리니 거기서 울며 이를 갊이 있으리라" 하셨습니다.

여기서 의인이란 믿는 사람을 말하며, 의인 중에서 악인은 믿는다 하지만 쭉정이와 같이 행함이 없는 죽은 믿음을 가진 사람으로 이러한 사람들은 지옥불에 던져집니다.

❧ 회개에 합당한 열매는 무엇인가

세례 요한은 회개를 촉구하는 동시에 그에 합당한 열매를 맺으라고 강조합니다. 그러면 회개에 합당한 열매는 무엇일까요? 바로 빛의 열매, 성령의 열매, 사랑의 열매 등 선하고 아름다운 진리의 열매입니다.

이에 대해 갈라디아서 5장 22~23절을 보면 "오직 성령의 열매는 사랑과 희락과 화평과 오래 참음과 자비와 양선과 충성과 온유와 절제니 이 같은 것을 금지할 법이 없느니라" 말씀했고, 에베소서 5장 9절에는 "빛의 열매는 모든 착함과 의로움과 진실함에 있느니라" 했습니다. 그 가운데 대표적으로 성령의 아홉 가지 열매를 살펴보겠습니다.

첫 번째 열매는 사랑입니다. 고린도전서 13장에 나오듯이 오래 참고 온유하며 투기하거나 자랑하지 않고, 교만하거나 무례히 행치 않는 등의 영적 사랑을 말합니다. 나아가 하나님 나라와 의를 위해 생명까지라도 줄 수 있는 희생적인 사랑을 의미합니다. 이러한 사랑은 죄와 악과 불법을 버리고 성결한 만큼 이룰 수 있습니다.

두 번째 열매는 희락입니다. 좋은 일뿐만 아니라 어떠한 환경과 조건 속에서도 항상 기뻐하고 즐거워하는 것입니다. 천국의 소망 가운데 항상 기뻐하는 사람은 염려 근심하지 않으며 어떠한 문제가 와도 믿음으로 구하니 그대로 응답을 받습니다. 전지전능한 하나님께서 아버지가 되심을 믿기 때문에 항상 기뻐하고 쉬지 않고 기도하며 범사에 감사할 수 있는 것입니다.

세 번째 열매인 화평은 아무와도 걸림이 없는 마음입니다. 마음속에 미움이나 다툼, 이기적인 욕심이 없기에 상대를 위하고 희생하며 섬기고 무례하지 않으므로 화평할 수 있습니다.

네 번째 열매는 오래 참음입니다. 이해하고 용서하여 진리 안에서 참는 것입니다. 이는 화가 나고 속에서는 부글부글 끓지만 겉으로 드러나지 않게 억지로 눌러서 참는 것이 아닙니다. 분냄, 혈기 등 악을 버리고 선과 진리로 채우는 것입니다. 어떠한 사람도 이해하고 품으며 아무런 감정이 없기 때문에 용서한다든지 참는다는 말 자체가 필요치 않습니다. 이처럼 사람과의 관계에서뿐만 아니라 마음에 악을 버리기 위해 오래 참으며, 하나님 앞에 올린 기도와 간구가 응답이 올 때까지 오래 참는 것을 말합니다.

다섯 번째 열매인 자비는 도저히 이해할 수 없는 것을 이해하며 용서할 수 없는 것을 용서하는 마음입니다. 자기 중심적인 생각과 자기가 옳다고 여기는 마음이 있다면 자비의 열매를 맺을 수 없습니다. 자기를 버리고 모든 것을 넓게 받아들이며 사랑으로 상대를 돌아볼 때에 비로소 이해하고 용서할 수 있는 것입니다.

여섯 번째 열매는 양선으로서 주님의 마음을 닮아 다투지도 들레지도 않으며 상한 갈대를 꺾지 않고 꺼져가는 심지도 끄지 않는 마음입니다. 모든 죄를 벗어 버리고 성령 안에서 아름다운 선을 추구하는 진리의 마음입니다.

일곱 번째 열매는 충성입니다. 내 안에 있는 죄를 싸워 버리며 진리를 이루기 위해 죽도록 충성하는 것입니다. 또 교회나 가정, 직장 등 자신에게 주어진 환경 속에서 모든 사명을 감당하는 온 집에 충성이 있습니다.

여덟 번째 열매는 온유입니다. 모든 사람을 포용할 수 있는 솜털 같이 부드러운 마음을 말합니다. 온유한 마음을 이루면 누가 찔러도 마음 아파하거나 상처받지 않습니다. 솜에 돌을 던지면 소리없이 감싸버리듯이 온유의 열매를 맺으면 많은 사람이 와서 쉴 수 있는 그늘이 되어 주며 포용할 수 있습니다.

마지막으로, 절제의 열매가 맺히면 모든 면에서 안정을 누리며 질서 속에서 때를 맞추어 열매 맺을 수 있으니 아름답고 복된 삶을 누릴 수 있습니다.

하나님께서는 이러한 아름다운 마음을 원하기 때문에 마태복음 5장 14~16절에 "너희는 세상의 빛이라 … 이같이 너희 빛을 사람 앞에 비취게 하여 저희로 너희 착한 행실을 보고 하늘에 계신 너희 아버지께 영광을 돌리게 하라" 하셨습니다. 진정 빛 가운데 있음으로 회개에 합당한 빛의 열매를 맺으면 모든 착함과 의로움과 진실함이 우리 삶에 넘쳐납니다(엡 5:9).

❧ 회개에 합당한 열매를 맺고 응답받은 사람들

우리가 죄를 회개하고 그에 합당한 열매를 맺으면 하나님께서는 이를 믿음이라 인정하시고 기뻐하며 응답으로 축복하십니다. 하나님께서는 우리가 중심에서 회개할 때 자비를 베푸시는 분입니다.

욥이 연단을 통해 마음의 악을 발견하고 티끌과 재 가운데서 회개하였더니 하나님께서 온몸에 난 악창을 치료하시고 그전 소유보다 배나 더했으며 자녀의 축복도 주셨습니다(욥 42장). 하나님 명령에 불순종하여 물고기 뱃속에 갇혔던 요나도 회개하니 다시 살려 주셨고, 니느웨 백성 역시 죄악으로 멸망하리라는 경고를 듣고 금식하며 회개하니 용서를 받았습니다(욘 2~3장). 남왕국 유다의 13대 왕인 히스기야도 하나님께서 "죽고 살지 못하리라" 했는데 통회자복하니 생명이 15년이나 연장됐습니다(왕하 20장).

이처럼 하나님께서는 비록 악을 행했다 해도 중심에서 돌이킨다면 그 회개를 받으십니다. 시편 103편 12절에 "동이 서에서 먼 것 같이 우리 죄과를 우리에게서 멀리 옮기셨으며" 한 대로 구원해 주십니다. 하물며 선을 행하며 아름다운 열매를 맺은 사람들에게는 어떠하겠습니까? 그들이 구하지 않은 마음의 소원까지도 아시고 응답하시는 것입니다.

열왕기하 4장을 보면 엘리사 선지자를 정성껏 섬긴 수넴의 한 귀부인은 구하지 않았는데도 소원인 아들을 얻었습니다. 그녀는 축복받기 위해서가 아니라 하나님의 종을 사랑하여 섬기고 대접했습니다. 하나님께서 그 선의 행함을 기뻐하셔서 잉태의 축복을 주셨던 것입니다.

또한 사도행전 9장을 보면 선행과 구제하는 일이 심히 많았던 다비다라는 여 제자가 병들어 죽었을 때 하나님께서 베드로를 통해 다시 살려 주십니다. 이렇게 하나님께서는 아름다운 열매를 맺는 사랑하는 자녀들에게 구원과 응답, 은혜와 축복을 주기 원하십니다.

그러므로 우리가 하나님 뜻을 분명히 알아 회개에 합당한 열매를 맺으며 주님의 마음을 닮아 의를 행해야 하겠습니다. 진리인 하나님 말씀에 비추어 어긋나는 것이 있다면 돌이킴으로 성령의 열매, 빛의 열매, 사랑의 열매를 맺음으로써 구하는 것마다 응답받기 바랍니다.

죄와 악의 차이

죄란 믿음으로 좇아 행치 않는 모든 것, 마땅히 선을 행할 줄 알고도 행치 않는 것을 말한다. 이렇게 넓은 의미로 보면 믿음과 상관없는 모든 것이 다 죄이므로 예수 그리스도를 믿지 않는 것이 가장 큰 죄이다.

악이란 하나님 말씀에 비추어 합당치 않은 모든 것, 곧 진리와 반대되는 비진리에 속한 것으로 마음 안에 있는 죄의 속성을 말한다. 따라서 죄는 마음의 악이 구체적인 모양으로 나타난 것이며, 악은 드러나지 않은 속성에 해당하므로 악으로 인해 죄가 성립되는 것이다.

선이란?

사전을 보면 선이란 '착하고 올바름, 올바르고 착하여 도덕적 기준에 맞음 또는 그런 것'이다. 그런데 각 사람의 양심에 따라 선의 기준이 다르므로, 절대적인 선의 기준은 선 자체이신 하나님 말씀에서 찾아야 한다. 따라서 선이란 진리, 곧 하나님 말씀을 뜻하며 하나님의 뜻과 생각 그 자체를 말한다.

Chapter 5

악을 미워하고 선에 속하라

사랑엔 거짓이 없나니 악을 미워하고 선에
속하라 로마서 12:9

오늘날 부모 자녀 간이나 부부, 형제, 이웃 사이에 이런저런 악의 모습을 발견할 수 있습니다. 가족간에 재산 문제로 고소하는가 하면, 자기 유익에 따라 배신하는 경우도 있는데 이는 많은 사람의 눈살을 찌푸리게 할 뿐만 아니라 자신에게도 큰 고통이 됩니다. 그래서 하나님께서는 "악은 모든 모양이라도 버리라" 하셨습니다(살전 5:22).

세상에서는 도덕적이고 양심적인 사람을 선하다고 합니다. 그러나 도덕이나 양심도 하나님 말씀에 비춰 보면 선이 아닌 것이 많습니다. 나아가 하나님의 뜻과 정반대인 것도 있지요. 여기서 기억해야 할 것은 오직 하나님 말씀만이 선의 절대적 기준이므로 말씀에 어긋난 것은 모두 악이라는 사실입니다.

그러면 죄와 악은 어떻게 다를까요? 이 둘은 같은 것 같지만 다릅니다. 나무에 비유하면, 악은 보이지 않는 땅속의 뿌리와 같고 죄는 눈에 보이는 줄기와 잎, 열매 부분과 같습니다. 나무는 뿌리가 있기 때문에 존재하듯 사람에게 악이 있기 때문에 죄를 범하는 것입니다. 따라서 악은 마음 안에 있는 하나의 '속성'이며, 하나님과 반대되는 모든 것, 모든 상태를 표현하는 개념입니다. 이러한 악이 구체적인 모양으로 나타난 것이 바로 죄이지요.

⚜ 악이 어떻게 죄로 나타나는가

누가복음 6장 45절에 "선한 사람은 마음의 쌓은 선에서 선을 내고 악한 자는 그 쌓은 악에서 악을 내나니 이는 마음의 가득한 것을 입으로 말함이니라" 했습니다. 마음에 '미움'이라는 악이 있으면 '비꼬는 말', '거친 말' 등의 구체적인 죄로 나오는 것이지요. 그러면 마음속에 있는 악이 어떻게 죄로 나타났는지 다윗과 가룟 유다를 통해 살펴보겠습니다.

어느 날 저녁, 다윗 왕이 왕궁 지붕 위에서 거닐다가 한 여인이 목욕하는 것을 보고 그만 유혹을 받아 불러다가 동침하고 말았습니다. 그 여인이 바로 밧세바였고 이때 그녀의 남편 우리아는 전쟁터에 나가 있었습니다. 밧세바가 잉태한 사실을 안 다윗은 계략을 꾸며 우리아를 전쟁터에서 죽게 만들고 그녀를 자기 아내로 삼습니다.

물론 다윗은 우리아를 전쟁터에 선봉으로 세웠을 뿐 직접적으로 죽인 것이 아니며 그 당시 왕의 권세로는 얼마든지 아내를 여러 명 얻을 수 있습니다. 그러나 다윗의 마음에는 우리아를 죽게 하려는 명백한 살인 의도가 있었지요. 이처럼 마음에 악이 있으면 언제라도 죄를 지을 수 있습니다.

죄에 대한 보응이 따르니 밧세바가 낳은 아들이 죽었으며 아들 압살롬이 배신하여 반역을 일으켰습니다. 이 때문에 다윗은 피난을 가야 했고 압살롬은 백성이 보는 앞에서 대낮에 아버지의 후궁들과 동침하는 패륜적인 일을 저지릅니다. 이 사건으로 수많은 백성이 죽었고 결국 아들 압살롬도 죽었지요. 간음과 살인이라는 죄 때문에 엄청난 시험 환난이 닥친 것입니다.

예수님의 열두 제자 중 하나인 가룟 유다는 배신의 대표적인 인물입니다. 그는 3년 동안 예수님을 따라다니면서, 하나님께서 함께하셔야만 나타날 수 있는 일들을 보았습니다. 그는 제자들 중 재정을 관리하던 자로 마음의 탐심을 버리지 못하니 자기의 필요대로 돈을 빼내 유용하곤 했습니다. 결국 그는 탐심 때문에 스승을 배신하여 팔아 넘겼고 죄책감으로 스스로 목매달아 죽었습니다.

이처럼 마음에 악이 있으면 어느 때 어떤 모습으로 나타날지 알 수 없습니다. 비록 조그마한 악의 모양일지라도 그 악이 자라면 사단이 역사하여 자신도 어찌할 수 없는 죄 가운데 빠져듭니다. 사람을 배신할 뿐 아니라 심지어 하나님도 배신하기 때문입니다. 이런 악은 자신과 상대에게 고통과 아픔이 되므로 악을 미워하며 모양이라도 버려야 합니다. 악을 미워하면 자연히 멀리하고 생각지도 않으며 행치 않을 것입니다. 오직 선만 행하지요. 그런 의미에서 하나님께서는 악을 미워하라고 하시는 것입니다.

우리에게 질병이 틈타거나 시험 환난이 오는 것은 마음의 악을 행함으로 나타내는 육체의 일을 했기 때문입니다. 마음을 다스리지 못하고 육체의 일을 행하는 것은 하나님 보시기에 짐승과 다름없습니다. 그러니 하나님께서 진노하시며 사람의 본분을 찾게 하기 위해 징계하는 것입니다.

✿ 악을 버리고 선에 속한 자가 되려면

마음속에 있는 비진리의 생각 곧 육신의 일 때문에 시험 환난이 오지는 않습니다. 다만 육신의 일이 있으면 언제라도 육체의 일로 발전할 수 있으니 반드시 버려야 합니다.

무엇보다 하나님이 함께하시는 표적을 보고도 믿지 않는다면 그것은 악 중의 악입니다. 마태복음 11장 20~24절을 보면 예수님께서 권능을 가장 많이 베푸신 마을들이 회개치 않으므로 책망하셨습니다. 고라신이나 벳새다에 대해서는 "화가 있을진저"라고 말씀하며 "심판 날에 두로와 시돈이 너희보다 견디기 쉬우리라" 경고하셨고, 가버나움에 대하여는 "심판 날에 소돔 땅이 너보다 견디기 쉬우리라" 하셨습니다.

여기에서 두로와 시돈이란 이방 도시를 말합니다. 벳새다나 고라신은 갈릴리 호수 북쪽에 있는 이스라엘 마을입니다. 그중 벳새다는 열두 제자인 베드로, 안드레, 빌립의 고향이며, 예수님께서는 그곳에서 소경의 눈을 뜨게 하였고, 보리떡 다섯 개와 물고기 두 마리로 장정만 오천 명을 먹이는 큰 기적을 베풀기도 하셨습니다. 이렇게 예수님을 신뢰할 수 있는 표적을 보았으니 그 가르침을 좇아 회개하고 악을 버려야 할 텐데 그러지 않으니 책망을 들은 것입니다.

오늘날에도 마찬가지입니다. 하나님의 사람을 통해 기사와 표적이 나타나는 것을 보면서도 믿지 못하고 판단 정죄한다면 그 마음에 악이 있는 증거입니다. 그렇다면 왜 사람들이 깨닫지 못하는 것일까요? 육신의 일을 지배하고 디스리며 버려야 히는데 그렇지 않기 때문입니다. 오히려 육체의 일을 행하여 죄를 범하고 그 횟수가 반복될수록 완악하고 강퍅해집니다. 점점 양심이 무디어져 화인 맞게 되는 것이지요.

그러한 사람은 하나님께서 베푸시는 기사와 표적을 보고도 깨달을 수 없습니다. 깨달음이 없으니 회개할 수 없으며 예수 그리스도를 영접할 수도 없지요. 처음에는 작은 것 하나 훔치고도 두려워하던 사람이 한 번 두 번 반복하다 보면 큰 것을 훔치고도 양심의 가책을 받지 않는 강퍅한 마음이 되는 것과 같습니다.

하나님을 사랑한다면 당연히 악을 미워하고 선에 속해야 합니다. 그러기 위해서는 먼저 육체의 일을 끊어 버리고 그 다음에는 마음에 있는 육신의 일을 버려야 합니다.

이렇게 죄와 악을 버려 나갈 때 하나님과 사귐을 갖고 사랑을 받습니다(요일 1:7, 3:9). 얼굴에 기쁨과 감사가 넘치며 어떠한 질병도 치료받을 수 있고 가정이나 일터, 사업터 등 모든 문제가 해결됩니다.

❧ 표적을 구하는 악하고 음란한 세대

마태복음 12장 38~39절을 보면 서기관과 바리새인 중 몇 사람이 예수님께 표적 보이기를 구하였을 때 예수님께서는 악하고 음란한 세대가 표적을 구한다고 하셨습니다. 예를 들어, 하나님을 보여 주면 믿겠다거나 죽은 자를 살리면 믿겠다는 사람들이 있습니다. 순수한 마음으로 믿으려는 것이 아니라 의심에서 나오는 말입니다.

이처럼 진실한 것을 믿으려 하지 않고 자기보다 나은 사람에 대해 배척하거나 의심하는 것, 또 자기 생각과 맞지 않으면 무조건 배척하는 것이 다 영적으로 음란의 속성에서 나옵니다. 표적을 구하는 사람들은 어떻게 하면 예수님의 흠을 잡고 배척하며 잡아 죽일까 궁리하면서 믿으려 하지 않았습니다.

그들처럼 교만과 자기가 옳다는 의와 이기심이 많을수록 음란한 세대가 되어갑니다. 오늘날 문명이 발달할수록 표적을 보여 달라는 사람이 많습니다. 그런데 표적을 보고도 믿지 않는 사람 또한 얼마나 많습니까. 그러니 악하고 음란한 세대라 책망받을 수밖에 없지요.

악을 미워하면 악을 행하지 않습니다. 만약 몸에 더러운 오물이 묻었다면 깨끗이 닦을 것입니다. 심령을 썩게 하고 사망의 길로 인도하는 죄와 악은 이보다 더 더럽고 냄새나며 추한 것입니다. 어찌 그 더러움을 냄새 나는 오물과 비교할 수 있겠습니까?

그러면 우리가 구체적으로 어떤 악을 미워해야 할까요? 마태복음 23장을 보면 예수님께서 서기관들과 바리새인들에게 "화 있을진저"라고 극단적으로 책망한 장면이 있습니다. "화 있을진저"라고 책망하신 것은 구원받지 못함을 시사하는데 그 내용을 일곱 가지로 나누어 살펴보겠습니다.

✤ 우리가 미워해야 할 악의 모습

1) 천국 문을 사람들 앞에서 닫는 경우

마태복음 23장 13절을 보면 예수님께서 "화 있을진저 외식하는 서기관들과 바리새인들이여 너희는 천국 문을 사람들 앞에서 닫고 너희도 들어가지 않고 들어가려 하는 자도 들어가지 못하게 하는도다" 하셨습니다. 천국 문이란 복음 안으로 들어가는 문으로서 우리가 진리를 알고 지켜 행함으로 들어갈 수 있는 문입니다.

하나님 말씀을 알고 가르치고 기록한다는 서기관들과 바리새인들은 말씀대로 행하는 척하였지만 마음이 완악하여 하나님의 일을 그릇 행하였으므로 책망한 것입니다. 경건의 모양은 있으나 속에는 불법과 악이 가득하였기 때문입니다. 그들은 사람이 할 수 없는 일을 행하시는 예수님을 그리스도로 알아보고 기뻐하기는커녕 갖가지 궤계를 꾸며 훼방하고 죽이는 데 앞장섰습니다.

오늘날도 마찬가지입니다. 예수 그리스도를 믿는다면서 본이 되지 못하는 사람들이 여기에 속합니다. "누구 때문에 예수 안 믿어요."라는 말을 듣게 하는 사람은 바로 천국 문을 사람들 앞에서 닫는 것과 같습니다. 자신도 구원받지 못할 뿐 아니라 상대도 들어가지 못하게 만드는 것이지요.

하나님을 믿는다면서 여전히 세상과 타협하며 살아가는 사람들도 예수님께서 책망하신 경우에 해당합니다. 교회의 질서상 가르치는 위치에 있는 직분자가 여전히 누군가를 미워하고 혈기 내며 불순종하는 것을 초신자가 보았을 때 어떻게 신뢰하고 존경할 수 있겠습니까? 오히려 실망하고 실족할 수 있지요. 믿지 않는 사람 중에도 믿음을 갖고자 하는 아내나 남편을 핍박하거나 악을 행하도록 만들고 죄에 동참하게 한다면 "화 있을진저"라는 책망을 듣게 됩니다.

2) 교인 하나가 생기면 배나 더 지옥 자식이 되게 하는 경우

마태복음 23장 15절을 보면 예수님께서 "화 있을진저 외식하는 서기관들과 바리새인들이여 너희는 교인 하나를 얻기 위하여 바다와 육지를 두루 다니다가 생기면 너희보다 배나 더 지옥 자식이 되게 하는도다" 말씀하십니다.

시집살이를 호되게 한 며느리가 시어머니가 되면 더 호된 시집살이를 시킨다는 말이 있습니다. 보고 배운 것이 자기도 모르게 입력되어 그대로 행하는 것입니다. 그래서 누구에게 무엇을 배우는지가 매우 중요합니다. 외식하는 서기관이나 바리새인과 같은 사람들을 만나 신앙생활하면 소경이 소경을 인도하듯 함께 악으로 빠집니다.

예를 들어, 인도자가 늘 판단 정죄하고 수군거리며 부정적인 말을 한다면 성도들도 물들어 같이 사망의 길로 갑니다. 세상에서도 부모가 다투고 미워하는 가정에서 자란 자녀들이 화목한 가정에서 성장한 자녀들보다 탈선하는 경우가 더 많습니다.

그러므로 부모나 선생, 머리 된 사람일수록 더 본이 되어야 합니다. 말과 행동이 본이 되지 못하여 상대를 실족시키는 경우가 있기 때문입니다. 교회에도 머리 된 일꾼이 본이 되지 못하여 교구나 구역, 기관의 부흥을 가로막는 경우가 있습니다. 이러한 것도 나로 인하여 다른 사람들까지 지옥 자식이 되게 만드는 것임을 깨달아 회개해야 합니다.

3) 탐심과 거짓, 욕심으로 하나님의 뜻을 잘못 전달하는 경우

마태복음 23장 16~22절을 보면 예수님께서는 "화 있을진저 소경 된 인도자여 너희가 말하되 누구든지 성전으로 맹세하면 아무 일 없거니와 성전의 금으로 맹세하면 지킬지라 하는도다 … 소경들이여 어느 것이 크뇨 그 예물이냐 예물을 거룩하게 하는 제단이냐 그러므로

제단으로 맹세하는 자는 제단과 그 위에 있는 모든 것으로 맹세함이요 또 성전으로 맹세하는 자는 성전과 그 안에 계신 이로 맹세함이요 또 하늘로 맹세하는 자는 하나님의 보좌와 그 위에 앉으신 이로 맹세함이니라" 하십니다.

이 말씀은 탐심과 거짓과 욕심으로 하나님의 뜻을 잘못 전달하는 것에 대한 책망입니다. 하나님께 맹세하거나 서원한 것은 마땅히 지키도록 가르쳐야 하는데 그것은 뒤로 하고 물질에 대해 맹세한 것만 지키라고 잘못 가르치는 경우입니다. 만일 하나님의 종이 진리대로 행해야 한다는 말씀은 소홀히 하고 헌금만 강조한다면 그는 소경 된 인도자와 같습니다.

그보다 먼저 어떻게 하면 죄를 회개하고 하나님의 의를 이루어 천국에 들어갈 수 있는지 알려 주어야 하지요. 하나님 나라와 의 안에는 물질에 관한 것도 다 들어 있는 것입니다. 또한 성전과 예수 그리스도, 제단과 하늘 보좌에 맹세하는 것은 다 하나이므로 그대로 지켜야 합니다.

4) 율법의 더 중한 바 의와 인과 신을 버린 경우

마태복음 23장 23~24절을 보면 예수님께서 "화 있을진저 외식하는 서기관들과 바리새인들이여 너희가 박하와 회향과 근채의 십일조를 드리되 율법의 더 중한 바 의와 인과 신은 버렸도다 그러나 이것도 행하고 저것도 버리지 말아야 할지니라 소경 된 인도자여 하루살이는 걸러 내고 약대는 삼키는도다” 하십니다.

하나님을 올바로 믿는 사람이라면 온전한 십일조를 드립니다. 온전한 십일조를 드리면 축복을 받지만 드리지 않는다면 하나님의 것을 도둑질한 것이 됩니다(말 3:8~10). 그런데 서기관들과 바리새인들은 온전한 십일조를 드렸는데도 예수님께서는 이보다 더 중요한 의와 인과 신을 버렸다고 책망하십니다. 과연 의와 인과 신이란 무엇을 뜻하는 것일까요?

‘의’란 죄를 버리고 하나님 말씀대로 살며 믿음을 좇아 순종하는 것을 말합니다. 일반적으로 세상에서 말하는 순종이란 누구나 할 수 있는 것에 따르는 것을 뜻하나 진리 안에서의 순종은 인간적인 생각으로는 도저히 할 수 없는 분야에도 순종하는 것을 말합니다.

성경을 보면 하나님께 인정받은 선지자들은 하나님 말씀에 믿음으로 순종했습니다. 홍해를 가르고 여리고 성을 무너뜨리며 요단강의 흐름을 멈추게 한 것은 인간의 생각을 동원하면 있을 수 없는 일이지만 믿음으로 순종하여 이루어냈습니다.

‘인’이란 삶 속에서 자기 본분을 다하는 것을 말합니다. 그런데 세상에도 사람답게 살아가는 기본적인 도리나 상식, 도덕이 있지만 온전한 것은 아닙니다. 겉모습은 교양이 있어도 마음속에 악이 있다면 참된 것이라 할 수 없지요. 우리가 진정 사람답게 살기 위해서는 사람의 본분, 곧 하나님의 명령을 지켜야 합니다(전 12:13).

또한 '신'이란 믿음을 통해 신의 성품에 참예하는 것입니다(벧후 1:4). 하나님께서 천지 만물을 창조하시고 사람을 지으신 목적은 하나님 마음을 닮은 참 자녀를 얻기 위해서입니다. 하나님의 온전하심과 같이 우리도 온전하고 하나님의 거룩하심과 같이 우리도 거룩하라고 하셨지요. 경건의 모양만 갖추는 것이 아니라 마음의 악을 버리고 계명을 온전히 지킬 때라야 신의 성품에 참예할 수 있습니다.

그런데 예수님 당시 서기관이나 바리새인들은 의와 인과 신은 소홀히 하고 예물만 중요시했습니다. 하나님께서는 거짓된 마음으로 드리는 예물보다 통회하는 심령을 더 기뻐하시는데(시 51:16~17) 그들은 하나님의 뜻과 다르게 가르친 것입니다. 가르치는 사람은 먼저 죄를 지적하여 회개에 합당한 열매를 맺게 하고 하나님과 화목하도록 인도해야 합니다. 그 다음에 십일조와 예배, 기도 등도 가르쳐서 온전한 구원에 이르도록 해야 하는 것입니다.

5) 겉은 깨끗이 하되 그 안에는 탐욕과 방탕으로 가득한 경우

마태복음 23장 25~26절을 보면 예수님께서 "화 있을진저 외식하는 서기관들과 바리새인들이여 잔과 대접의 겉은 깨끗이 하되 그 안에는 탐욕과 방탕으로 가득하게 하는도다 소경 된 바리새인아 너는 먼저 안을 깨끗이 하라 그리하면 겉도 깨끗하리라" 하십니다.

투명한 크리스털 잔을 보면 매우 깨끗하고 아름답습니다. 하지만 그 안에 무엇을 담느냐에 따라 그 잔이 더 아름답게 빛날 수도, 더럽

혀질 수도 있습니다. 오물이 담겨 있다면 더러운 잔이 될 수밖에 없지요. 마찬가지로 겉으로는 하나님의 사람이라 해도 마음에 악이 가득하다면 중심을 보시는 하나님께서는 더럽다고 여기십니다.

사람들과의 관계에서도 아무리 깨끗이 단장하고 언행이 정숙하다 해도 마음속에 미움, 시기, 질투 등의 악으로 가득 차 있는 것을 발견한다면 더럽고 추함을 느낍니다. 하물며 선과 진리 자체이신 하나님께서 보실 때에는 어떻겠습니까. 그러므로 하나님 말씀으로 자신을 조명하여 탐욕과 방탕을 회개하고 마음을 깨끗하게 해야 합니다. 말씀대로 행하며 죄를 버려 나가면 마음이 깨끗하니 겉모습도 자연히 거룩하고 깨끗해집니다.

6) 회칠한 무덤과 같은 경우

마태복음 23장 27~28절을 보면 예수님께서 "화 있을진저 외식하는 서기관들과 바리새인들이여 회칠한 무덤 같으니 겉으로는 아름답게 보이나 그 안에는 죽은 사람의 뼈와 모든 더러운 것이 가득하도다 이와 같이 너희도 겉으로는 사람에게 옳게 보이되 안으로는 외식과 불법이 가득하도다" 하셨습니다.

아무리 많은 돈을 들여 묘지를 아름답게 꾸며 놓았어도 그 속에는 무엇이 들어 있습니까? 부패하여 한 줌의 흙으로 돌아갈 시체가 있을 뿐입니다. 그러므로 회칠한 무덤은 겉만 그럴 듯하게 꾸민 외식주의자를 뜻합니다. 즉 마음속에는 미움, 시기, 질투, 간음 등 많은 죄가 있으면서도 겉모습은 선한 척, 온유한 척, 온전한 척하며 오히려 상대를 권면하고 지적하는 사람을 말합니다.

하나님을 믿는다 하면서 자기 마음에 있는 미움을 덮어두고 상대를 지적하거나, 자기 눈에 들보가 있는데 상대의 티를 지적하는 것은 가증스러운 일입니다. 이는 하나님을 믿지 않는 사람에게도 해당합니다. 아내나 남편을 배신하려는 마음이 있고 자녀에게는 무정하며 부모를 공경하지 않으면서, 오히려 진리를 비방하고 다른 사람을 지적한다면 이 역시 가증스러운 일이지요.

7) 스스로 의롭다고 여기는 경우

마태복음 23장 29~33절을 보면 예수님께서 "화 있을진저 외식하는 서기관들과 바리새인들이여 너희는 선지자들의 무덤을 쌓고 의인들의 비석을 꾸미며 가로되 만일 우리가 조상 때에 있었더면 우리는 저희가 선지자의 피를 흘리는 데 참예하지 아니하였으리라 하니 그러면 너희가 선지자를 죽인 자의 자손 됨을 스스로 증거함이로다 너희가 너희 조상의 양을 채우라 뱀들아 독사의 새끼들아 너희가 어떻게 지옥의 판결을 피하겠느냐" 말씀합니다.

외식하는 서기관과 바리새인들이 선지자들의 무덤을 쌓고 의인들의 비석을 꾸미며 "만일 우리가 조상 때에 있었더면 우리는 저희가 선지자의 피를 흘리는 데 참예하지 아니하였으리라" 했는데 사실은 그렇지 않습니다. 서기관과 바리새인들은 구세주로 오신 예수님을 알아보기는커녕 오히려 배척하며 결국 십자가에 못 박아 죽이기까지 했습니다. 어찌 조상보다 의롭다 할 수 있겠습니까?

예수님께서는 외식하는 그들에게 "너희가 너희 조상의 양을 채우라" 책망하셨습니다. 사람이 어떤 죄를 지을 때 양심이 조금이라도 있다면 가책을 받고 그만 두지만 끝까지 악행에서 돌이키지 않는 사람도 있습니다. 이것이 곧 양을 채운다는 뜻입니다. 독사의 자식들이 되어 더 악을 행하는 것입니다.

이처럼 진리를 듣고 마음에 찔림이 있는데도 여전히 자신은 의롭다 생각하며 회개치 않는 사람은 조상이 저지른 악의 양을 채우는 사람과 다를 바 없습니다. 이에서 돌이켜 회개에 합당한 열매를 맺지 않으면 지옥의 판결을 면할 수 없다고 말씀하셨습니다.

그러므로 예수님께서 책망하신 말씀에 자신을 조명하여 걸리는 부분이 있다면 신속히 벗어 버려야 하겠습니다. 악을 미워하고 선에 속하는 의로운 사람이 되어 하나님께 마음껏 영광 돌리며 축복된 삶을 영위하기 바랍니다.

인간 경작이란?

'경작'이란 농부가 씨를 뿌리고 가꾸는 수고를 통해 열매를 얻는 과정을 말한다. 하나님께서도 참 자녀라는 열매를 얻고자 아담과 하와라는 첫 번째 씨앗을 이 땅에 심으셨다. 아담의 불순종으로 죄인이 된 인류는 예수 그리스도를 영접하고 성령의 도우심을 받아 하나님의 형상을 회복하게 되었다. 이처럼 하나님께서 참 자녀를 얻기 위해 사람을 창조하시고 마지막 심판에 이르기까지 모든 인류 역사를 주관해 가시는 과정을 '인간 경작'이라고 한다.

몸과 육, 육신의 차이

일반적으로 사람의 몸을 말할 때에는 육, 육신, 육체라는 단어를 구분없이 사용한다. 그러나 성경에서는 저마다 영적인 의미가 있다. 육이란 단순히 몸을 지칭할 때도 있지만 영적으로는 썩고 변질되며 없어질 추하고 더러운 것을 총칭한다.

첫 사람 아담은 생령으로서 전혀 죄가 없었지만 사단의 역사를 받아 선악과를 먹은 후에는 죄의 삯으로 사망에 이르게 되었다(창 2:17 ; 롬 6:23). 아담의 범죄 후 원래 하나님께서 사람에게 심어 주신 생명의 지식인 진리가 빠져나간 형체를 '몸'이라 한다. 그리고 이 몸에 죄성이 결합된 것을 '육신'이라 한다. 즉 육신은 행위로 나타나지 않았지만 언제든지 유발될 수 있는 죄의 속성이다.

사람의 마음밭

성경은 사람의 마음을 길가밭, 돌밭, 가시떨기밭, 옥토의 네 가지로 구분한다(막 4장).

길가밭은 강퍅하고 완고한 마음을 의미한다. 마음이 강퍅한 사람은 말씀이 심겨도 싹이 나지 않고 결실치 못하니 구원에 이르지 못한다.

돌밭은 하나님 말씀을 머리로는 깨닫지만 마음으로는 믿지 못하는 사람을 의미한다. 말씀을 들을 때에는 그렇게 해야겠다고 결심하지만, 어려움이 오면 믿음을 지키지 못하는 경우이다.

가시떨기밭은 하나님 말씀을 듣고 깨달아 행해 나가지만 세상의 유혹을 이기지 못하는 마음이다. 세상 근심과 걱정, 물욕, 정욕에 끌려 다니기 때문에 시험 환난이 따르고 영적으로 성장하지 못한다.

옥토는 하나님 말씀이 떨어지면 30배, 60배, 100배의 결실이 맺히고 하나님의 축복과 응답이 척척 임하는 마음이다.

사단과 마귀의 역할

사단은 사람들에게 악한 일을 행하게 하는 어둠의 능력을 지닌 존재로서, 실질적인 형태가 없다. 자신이 가지고 있는 어둠의 마음과 생각, 어둠을 행하게 하는 능력을 마치 전파와 같이 공중에 계속해서 퍼뜨리는데, 사람의 마음에 있는 비진리와 주파수가 맞으면 즉시 생각을 통해 어둠의 능력을 불어넣는다. 이것을 '사단의 역사를 받았다', '사단의 음성을 듣는다'고 한다.

마귀는 루시퍼와 함께 타락한 천사 중의 일부이며, 검은 형상에 사람이나 천사처럼 이목구비와 손발도 있다. 사단의 지시를 받아 수많은 귀신을 관리하고 지시하여 사람들에게 질병을 주며 악으로 빠지게 한다.

그릇 됨됨이와 마음 됨됨이

그릇 됨됨이란 얼마나 하나님 말씀을 잘 듣고 마음에 깊이 새기며 믿음으로 행해 나가느냐 하는 것이다. 그릇 됨됨이는 그릇의 재질과 관련이 있다. 그릇 됨이 좋으면 신속히 성결할 수 있고 영적인 능력도 더 크게 나타낼 수 있다. 좋은 그릇 됨됨이를 만들려면 말씀을 바로 듣고 그 말씀을 마음 중심에 새겨야 한다. 얼마나 열심히 행해 나가느냐가 그릇 됨됨이를 결정한다.

마음 됨됨이는 얼마나 마음을 넓혀 사용하는지, 그릇의 크기와 관계된다. 자신이 해야 할 것 이상으로 해내는 경우, 자신이 해야 할 것만 하는 경우, 반드시 해야 하는 것만 억지로 하는 경우, 오히려 일을 하지 않는 것이 나을 정도로 악을 행하는 경우로 나뉜다. 만일 마음 됨됨이가 부족하다면 더 넓고 큰 마음으로 바꾸기 위해 노력해야 한다.

하나님 보시기에 의

1단계, 죄를 버리는 의 : 예수 그리스도를 영접하여 성령을 받으면 믿음으로 의로워지고, 자신의 죄를 깨달아 열심히 기도하면서 죄를 버려 나간다. 하나님께서는 이를 기뻐하심으로 기도에 응답하며 축복을 주신다.

2단계, 말씀을 지키는 의 : 죄를 버리고 나면 하나님 말씀이 내 안에 담기게 되고 그것을 지키게 된다. 가령, 미워하지 말라는 말씀을 들었으면 미움을 버리고 사랑을 행하며 말씀대로 지켜 나간다. 이때에는 항상 강건한 축복을 받으며 기도하는 것마다 응답을 받는다.

3단계, 하나님을 기쁘시게 하는 의 : 죄를 버리는 것은 물론, 오직 하나님 뜻대로 행하며 사명을 감당하기 위해 자신의 생명을 바친다. 이 단계에 이르면 마음에 품기만 해도 응답이 온다.

의에 대하여...
Concerning Righteousness...

의에 대하여라 함은 내가 아버지께로 가니 너희가 다시
나를 보지 못함이요 요 16:10

창세기 15:6   아브람이 여호와를 믿으니 여호와께서 이를 그의 의로 여기시고

마태복음 5:20   내가 너희에게 이르노니 너희 의가 서기관과 바리새인보다 더 낫지 못하면 결단코 천국에 들어가지 못하리라

로마서 3:21~22   이제는 율법 외에 하나님의 한 의가 나타났으니 율법과 선지자들에게 증거를 받은 것이라 곧 예수 그리스도를 믿음으로 말미암아 모든 믿는 자에게 미치는 하나님의 의니 차별이 없느니라

빌립보서 1:11   예수 그리스도로 말미암아 의의 열매가 가득하여 하나님의 영광과 찬송이 되게 하시기를 구하노라

디모데후서 4:8   이제 후로는 나를 위하여 의의 면류관이 예비되었으므로 주 곧 의로우신 재판장이 그날에 내게 주실 것이니 내게만 아니라 주의 나타나심을 사모하는 모든 자에게니라

야고보서 2:23   이에 경에 이른바 아브라함이 하나님을 믿으니 이것을 의로 여기셨다는 말씀이 응하였고 그는 하나님의 벗이라 칭함을 받았나니

요한일서 3:10   이러므로 하나님의 자녀들과 마귀의 자녀들이 나타나나니 무릇 의를 행치 아니하는 자나 또는 그 형제를 사랑치 아니하는 자는 하나님께 속하지 아니하니라

Chapter 6

생명으로
이르게 하는 의

그런즉 한 범죄로 많은 사람이 정죄에 이
른 것같이 의의 한 행동으로 말미암아 많
은 사람이 의롭다 하심을 받아 생명에 이
르렀느니라 **로마서 5:18**

저는 7년간 병석에 누워 있다가 살아 계신 하나님을 믿었습니다. 성령의 불로 모든 질병을 단번에 치료받았을 뿐만 아니라 죄를 회개하고 영원한 천국에서 살 수 있는 영생을 얻었습니다. 하나님 은혜에 감사하여 교회에 나가면서부터 술을 끊고 술대접을 하지 않았습니다.

한번은 가족 중에 한 분이 교회에 대한 비난을 합니다. 저는 견딜 수 없는 마음에 "왜 하나님을 욕하고 애꿎은 교회와 목사님을 욕하십니까?"라고 분을 내었습니다. 초신자인 저는 그러한 행동이 옳다고 여겼습니다. 나중에야 그것이 옳지 않다는 것을 깨달았습니다.

즉, 하나님 보시기에 의가 아닌 나 보기에 의로움이 앞서니 시비가 붙고 싸움이 된 것입니다.

이러한 상황에서 하나님 보시기에 의는 어떠한 것일까요? 상대를 사랑함으로 이해하는 것입니다. 그들은 하나님과 주님이 누구신지 모르기 때문에 그런 행동을 하는 것이라고 이해하면 속상할 것이 없습니다. 오히려 그들을 위해 사랑으로 간구하며, 지혜롭게 전도하여 하나님의 자녀로 인도하는 것이 참된 의로움입니다.

🌼 하나님 보시기에 의

출애굽기 15장 26절을 보면 "너희가 너희 하나님 나 여호와의 말을 청종하고 나의 보기에 의를 행하며" 말씀합니다. 바로 사람이 보기에 의와 하나님 보시기에 의가 서로 다르다는 사실을 알려 주시는 것입니다.

세상에서는 "원수를 갚는 것이 의롭다" 하지만 하나님께서는 모든 사람을 사랑하며 원수까지도 사랑하는 것을 의롭다 하십니다. 또한 강직하여 다른 사람과 부딪치더라도 자기가 보기에 옳은 것을 추구하는 사람을 의롭다 하지만 하나님께서는 자기 생각 속에서 화평을 깨는 사람을 의롭다 하지 않으십니다.

또 세상에서는 미움, 다툼, 시기, 질투, 혈기, 욕심 등 마음에 아무리 많은 죄악이 있어도 나라의 법을 잘 지키고 행위로 범죄하지 않으면 불의하다 하지 않습니다. 그러나 하나님께서는 행위로 범죄하지 않아도 마음에 죄악이 있다면 불의한 사람이라 하시지요. 사람이 가진 의와 불의의 개념은 사람마다, 지역이나 시대마다 달라집니다. 그러므로 우리가 의와 불의를 규정하기 위해서는 하나님께 그 기준을 두어야 하며 하나님께서 의롭다 하시는 것이 참된 의입니다.

그러면 예수님께서는 어떻게 하셨습니까? 로마서 5장 18절을 보면 "한 범죄로 많은 사람이 정죄에 이른 것같이 의의 한 행동으로 말미암아 많은 사람이 의롭다 하심을 받아 생명에 이르렀느니라" 했습니다. 여기서 '한 범죄'란 인류의 시조인 아담의 범죄를 말하며 '의의 한 행동'은 하나님 아들이신 예수님의 순종을 말합니다. 예수님께서는 많은 사람을 생명에 이르게 하는 의를 이루셨지요. 이러한 생명에 이르게 하는 의가 무엇인지 구체적으로 살펴보겠습니다.

❧ 모든 인류를 구원하는 의의 한 행동

창세기 2장 7절을 보면 하나님께서는 하나님의 형상에 따라 첫 사람 아담을 지으시고 그 코에 생기를 불어넣어 생령이 되게 하셨습니다. 아담은 마치 갓 태어난 아이처럼 아무것도 입력되지 않은 무 상태였습니다. 아이가 자라면서 듣고 보고 배운 것을 통해 지식을 쌓고 활용해 가는 것처럼 아담도 하나님께로부터 천지 만물의 조화와 영계의 법칙, 진리의 말씀을 배워 나갔습니다.

하나님께서는 사람이 만물의 영장답게 살아가는 데 필요한 모든 것을 가르쳐 주셨습니다. 이때 단 한 가지 금한 것이 있습니다. 에덴동산 각종 나무의 실과는 임의로 먹되 선악을 알게 하는 나무의 실과는 먹지 말며 먹는 날에는 정녕 죽으리라(창 2:16~17)고 엄히 경계하셨습니다.

그런데 오랜 세월이 지나자 아담은 이 말씀을 명심하지 못하고 그만 뱀의 유혹에 넘어가 선악과를 따먹고 말았습니다. 이로 인해 하나님과의 영적 교통이 끊어졌고 '정녕 죽으리라' 하신 대로 생령이던 아담의 영이 죽고 말았습니다. 하나님 말씀에 순종하지 않고 원수 마귀의 말에 순종하였으므로 마귀의 자녀가 된 것입니다.

요한일서 3장 8절에 "죄를 짓는 자는 마귀에게 속하나니 마귀는 처음부터 범죄함이니라" 하였고, 요한복음 8장 44절에는 "너희는 너희 아비 마귀에게서 났으니 너희 아비의 욕심을 너희도 행하고자 하느니라 저는 처음부터 살인한 자요 진리가 그 속에 없으므로 진리에 서지 못하고 거짓을 말할 때마다 제 것으로 말하나니 이는 저가 거짓말쟁이요 거짓의 아비가 되었음이니라" 했습니다. 아담 한 사람의 불순종으로 모든 사람이 죄인이 되었으며 죄의 삯은 사망이라는 말씀대로 사망이 모든 사람에게 이르게 된 것입니다(롬 5:12).

그러면 아담이 불순종하여 죄를 지었는데 왜 그 후손까지 죄인이 되는 것일까요? 자녀는 그 부모를 닮게 마련입니다. 외모는 물론 걸음걸이나 성격까지도 닮은 경우가 많습니다. 부모의 기를 물려받기 때문입니다. 이처럼 부모의 기가 자녀에게 전달되듯이 부모의 죄성도 자녀에게 전해집니다(시 51:5). 태어난 지 얼마 되지 않은 아이를 보면 누가 가르쳐 준 적이 없는데도 짜증을 내고 분을 냅니다. 아담으로부터 내려온 기 속에 죄성이 담겨 있기 때문입니다.

이렇게 사람은 원죄를 물려받은 데다가 자범죄를 지어가므로 자꾸 마음이 죄로 물들고 그것이 또 자녀들에게 전달되므로 세월이 흐를수록 점점 더 악으로 물들고 세상은 죄로 관영하는 것입니다. 그러면 죄로 인하여 마귀의 자녀가 된 사람이 어떻게 하나님과의 관계를 회복할 수 있겠습니까?

하나님께서는 이미 사람이 불순종하여 죄를 범할 것을 아시고 구원의 섭리를 예비하여 감추어 두셨습니다. 곧 예수 그리스도를 통한 인류 구원이라는 만세 전에 감취어진 비밀입니다. 아무런 흠도 점도 없는 예수님께서 죄 때문에 죽을 수밖에 없는 인류에게 구원의 길을 열어 주기 위히여 저주를 받고 니무 십자가에 달려 죽으셨습니다. 이러한 예수 그리스도의 의의 행동으로 죄인 된 많은 사람이 사망에서 해방되어 생명을 얻게 되었습니다.

✤ 의의 출발은 하나님을 믿는 것

'의'라는 것은 사람으로서 지켜야 할 도리로서 사람의 본분을 말합니다. 그러나 하나님께서 말씀하시는 의는 하나님을 경외하므로 죄를 버리고 말씀을 지켜 행하며(전 12:13) 믿음으로 순종하는 것을 말합니다. 그런데 성경은 무엇보다 하나님을 믿지 않는 것 자체를 죄라고 말씀합니다(요 16:9). 따라서 하나님을 믿는 것 그 자체가 의의 한 행동이 되며, 의인이 되는 첫째 조건입니다.

만일 자기를 낳아 준 부모를 모른 체하며 배신하는 사람이 있다면 어떻게 옳다 할 수 있겠습니까. 인륜을 저버린 죄인이라 손가락질할 것입니다. 마찬가지로 우리를 만드신 창조주 하나님이 계시는데 그분을 믿지 않고 아버지라 부르지 않을 뿐 아니라 그분이 가장 싫어하시는 원수 마귀를 섬긴다면 큰 죄가 되는 것입니다.

그러므로 의인이 되기 위해서는 무엇보다 먼저 하나님을 믿어야 합니다. 예수님께서 하나님을 온전히 믿고 그 말씀을 지킨 것처럼 우리도 하나님을 믿고 그 말씀을 지켜야 합니다. 하나님을 믿는다는 것은 하나님께서 우주 만물과 우리를 지으신 창조주이며 인간의 생사화복을 주관하는 분임을 믿는 것입니다. 또 스스로 계시며, 처음과 나중이 되고 시작과 끝이 되며 천국과 지옥을 예비하고 우리를 심판할 공의의 심판자 되심을 믿는 것입니다. 하나님께서 독생자 예수 그리스도를 이 땅에 보내 구원의 문을 열어 주셨으니 예수 그리스도를 믿고 구원에 이르는 것이 곧 하나님을 믿는 것입니다.

이렇게 값없이 구원의 문에 들어선 하나님 자녀들에게 하나님께서 요구하시는 것이 있습니다. 이 땅에서도 누구나 나라의 법을 지켜야 하듯이 천국 백성이 되었으면 하늘나라의 법 곧 하나님 말씀인 진리를 좇아야 합니다. 예를 들어, 출애굽기 20장 8절에 "안식일을 기억하여 거룩히 지키라" 했으니 세상과 타협하지 말고 온전히 주일을 성수함으로써 하나님의 법을 우선으로 지켜야 합니다. 이러한 믿음과 순종을 의로 여기시기 때문입니다.

하나님께서는 예수 그리스도를 통하여 우리에게 생명에 이르게 하는 의의 법을 일깨워 주셨습니다. 그것을 지키면 의에 이르고, 천국에 들어가며 하나님의 사랑과 축복을 받을 수 있는 것입니다.

❧ 우리가 본받아야 할 예수 그리스도의 의

하나님 아들이신 예수님께서도 하나님의 법을 온전히 지키심으로 의를 이루셨습니다. 무엇보다 이 땅에 계시는 동안 악의 모양이 전혀 없었습니다. 성령으로 잉태되셔서 원죄가 없을 뿐 아니라 자범죄도 없으니 악한 것을 생각하는 일도 없으셨습니다.

대부분의 사람은 머리로 불법을 생각하기 때문에 결국 악한 행동이 나옵니다. 탐욕이 있는 사람은 '어떻게 부귀를 얻을까, 어떻게 다른 사람의 재산을 가로챌까' 하는 생각을 먼저 하고, 그 다음에 마음에 심습니다. 이 마음이 요동하여 결국 악한 행동이 나오는 것입니다. 즉 탐심이 있기 때문에 생각을 통해 사단의 유혹을 받아들이므로 결국 사기나 횡령, 도둑질 등 악한 행동이 나온다는 말입니다.

욥기 15장 35절을 보면 "그들은 악한 생각을 배고 불의를 낳으며 마음에 궤휼을 예비한다" 하였으며, 창세기 6장 5절에는 하나님께서 홍수로 세상을 심판하시기 전에 사람의 죄악이 세상에 관영했고 그 마음의 생각의 모든 계획이 항상 악할 뿐이었다 했습니다. 마음이 악하므로 생각까지도 악한 것입니다. 그러나 마음 자체에 악이 없으면 생각을 통해 사단이 역사할 수 없습니다. 입에서 나오는 것은 마음에서 나온다 하신 것처럼(마 15:18), 악한 마음이 없으면 악한 생각이나 행동이 나올 리 없습니다.

원죄도 자범죄도 없는 예수님께서는 마음 자체가 거룩하시므로 범사에 행하는 모든 것이 선이었습니다. 마음이 의로우니 의만 생각하고 의만 행한 것입니다. 우리도 의로운 사람이 되려면 마음의 악을 버림으로 생각을 지키며 행함이 온전해야 합니다.

성경에 '하라, 하지 말라, 지키라, 버리라'는 말씀을 그대로 순종하면 하나님 마음인 진리가 내 안에 임하여 생각을 통해 죄 짓지 않으며, 성령의 주관과 인도를 받아 행함이 온전케 됩니다. 주일을 지키라고 말씀하셨으니 주일을 지키고, 기도하라, 사랑하라, 전도하라 하셨으니 기도하며 사랑하고 전도합니다. 도둑질하지 말라, 간음하지 말라 하셨으니 하지 않습니다.

또한 악은 모양이라도 버리라고 하셨으니 시기, 질투, 미움, 간음, 거짓말 등의 비진리를 버려 나갑니다. 이렇게 하나님 말씀대로 지켜 나가면 마음 안에 비진리는 없어지고 진리만 남습니다. 마음에서 죄의 쓴 뿌리를 빼내면 생각을 통해 죄가 들어올 수 없으니 무엇을 보아도 선으로 보고 말하고 행하는 것입니다.

잠언 4장 23절에 "무릇 지킬 만한 것보다 더욱 네 마음을 지키라 생명의 근원이 이에서 남이니라" 하였습니다. 생명으로 이르게 하는 의, 곧 생명의 근원이 바로 마음을 지킴으로 나온다는 것입니다. 마음에 진리 곧 의를 담아서 그것을 지켜 나가야 생명에 이릅니다. 그래서 마음과 생각을 지키는 것이 중요하지요.

하지만 우리 마음속에는 너무나 많은 악이 담겨 있어 자신의 힘만으로는 빼낼 수 없습니다. 죄를 버리려는 자신의 노력과 함께 반드시 성령의 능력이 임해야 가능합니다. 그래서 기도가 필요합니다. 불같이 기도할 때에 하나님 은혜와 능력이 임하고 성령의 충만함을 입어 죄를 버릴 수 있습니다.

야고보서 3장 17절을 보면 '하늘로부터 오는 지혜는 첫째가 성결하다'고 했습니다. 마음에 악을 버리고 오직 의를 생각하면 하늘의 지혜가 임한다는 것입니다. 이 세상의 지혜가 아무리 뛰어나다 해도 하늘로부터 오는 지혜에는 비교할 수 없습니다. 세상 지혜는 한계를 가진 사람의 지혜이므로 한 치 앞도 내다볼 수 없지만 하늘로부터 오는 지혜는 전지전능한 하나님께서 가르쳐 주시기 때문에 장래 일까지도 미리 알고 대비할 수 있습니다.

누가복음 2장 40절에 예수님께서는 성장하면서 강하여지고 지혜가 충족하여 이미 열두 살 때 율법에 능통한 랍비들이 감탄할 정도로 지혜로웠다고 기록하고 있습니다. 예수님은 오직 의만 생각했으므로 하늘로부터 지혜가 임한 것입니다.

베드로전서 2장 22~23절을 보면 "저는 죄를 범치 아니하시고 그 입에 궤사도 없으시며 욕을 받으시되 대신 욕하지 아니하시고 고난을 받으시되 위협하지 아니하시고" 말씀합니다. 이 말씀을 통해 예수님의 마음을 알 수 있지요. 또 요한복음 4장 34절을 보면 제자들이 양식을 구해 왔을 때에도 "나의 양식은 나를 보내신 이의 뜻을 행하며 그의 일을 온전히 이루는 이것이니라" 하셨습니다. 예수님의 마음과 생각에는 이렇게 의만 있었기 때문에 행함도 온전하였습니다.

예수님께서는 하나님의 일뿐 아니라 온 집에도 충성하셨습니다. 십자가에 달린 고통 중에도 동정녀 마리아를 제자 요한에게 부탁하셨지요. 이처럼 사람의 도리까지 온전히 지켜 행하신 예수님께서는 천국복음을 전파하고 하나님의 권능으로 병든 사람을 치료하며 마침내 인간의 죄와 허물을 담당하기 위해 십자가를 지심으로 세상에 오신 목적을 다 이루셨습니다. 그리하여 온 인류의 구세주로서 만왕의 왕, 만주의 주가 되신 것입니다.

❧ 의로운 자가 되는 길

그러면 하나님의 자녀 된 우리들은 어떻게 해야 할까요? 하나님의 도를 지켜 행함으로 의로운 사람이 되어야 합니다. 예수님께서 하나님의 도를 다 지켜 행하여 표본이 되어 주셨으니 그대로 본받아 행해야 하는 것입니다.

하나님의 도를 행하는 것은 하나님의 계명을 지키고 규례에 대해 흠이 없는 것을 말합니다. 여기서 계명이란 대표적으로 십계명을 들 수 있습니다. 십계명은 성경 66권 안에 담긴 하나님 명령을 축약한 것이라 할 수 있습니다. 십계명 하나하나에는 깊은 영적인 뜻이 있어서 그 참뜻을 알고 지켜 나갈 때에 하나님께서 의롭다 하십니다.

또한 예수님께서 가장 큰 계명이라고 말씀하신 것이 있는데 첫째는 마음과 목숨과 뜻을 다하여 하나님을 사랑하는 것이며, 둘째는 이웃을 내 몸과 같이 사랑하는 것입니다(마 22:37~39).

예수님께서는 이 말씀대로 다 지켜 행하셨습니다. 다투지도 들레지도 않았고 새벽이나 혹은 밤이 새도록 틈만 나면 기도하셨으며 규례도 흠없이 다 지켰습니다. 규례란 하나님께서 정한 규칙을 말합니다. 예를 들면 유월절을 지기기니 십일조를 드리는 것 등입니다. 예수님께서 유월절을 지키기 위해 다른 유대인들과 마찬가지로 예루살렘에 올라가신 기록이 나옵니다.

영적 이스라엘인 그리스도인은 이스라엘 백성이 지키는 여러 의식의 영적 의미를 계승하여 지키고 있습니다. 구약 시대에 육의 할례를 했듯이 마음의 할례를 하고, 구약 시대의 제사법 역시 계승하여 신령과 진정으로 예배드리는 것입니다. 이렇게 하나님의 도를 지켜 행하면 참된 생명을 얻어 의롭게 됩니다. 주님께서 사망 권세를 깨뜨리고 부활하셨으니 우리도 의의 부활로 나와 영생을 누리는 것입니다.

✤ 의로운 자에게 임하는 축복

사람이 의롭지 못하므로 분쟁이 생기고 원수 맺으며 질병도 옵니다. 의롭지 못하므로 불법이 나오고 고통을 당하는데 이는 죄의 아비 곧 마귀의 역사를 받기 때문입니다. 만일 불법과 불의가 떠난다면 사고나 고통, 힘든 것이 없으며 참으로 아름다운 세상이 될 것입니다. 나아가 하나님 보시기에 의로운 사람이 되면 큰 축복이 임하여 진정 뛰어난 사람, 복 있는 사람이 될 수 있습니다.

신명기 28장 1~6절을 보면 구체적으로 말씀합니다.

"네가 네 하나님 여호와의 말씀을 삼가 듣고 내가 오늘날 네게 명하는 그 모든 명령을 지켜 행하면 네 하나님 여호와께서 너를 세계 모든 민족 위에 뛰어나게 하실 것이라 네가 네 하나님 여호와의 말씀을 순종하면 이 모든 복이 네게 임하며 네게 미치리니 성읍에서도 복을 받고 들에서도 복을 받을 것이며 네 몸의 소생과 네 토지의 소산과 네 짐승의 새끼와 우양의 새끼가 복을 받을 것이며 네 광주리와 떡반죽 그릇이 복을 받을 것이며 네가 들어와도 복을 받고 나가도 복을 받을 것이니라"

또한 출애굽기 15장 26절에 '하나님 보시기에 의를 행하면 애굽 사람에게 내린 모든 질병의 하나도 내리지 않겠다'고 약속하셨습니다. 그러므로 하나님 보시기에 의를 행하면 강건하고 만사형통한 삶을 영위하며 영생복락을 누리는 것입니다.

지금까지 하나님 보시기에 의가 무엇인지 살펴보았습니다. 이제

하나님의 모든 계명과 규례대로 흠없게 행하여 하나님 보시기에 의
를 이루심으로 하나님의 사랑과 축복을 마음껏 받아 누리시기 바
랍니다.

믿음과 의인

믿음에는 '영적 믿음'과 '육적 믿음'이 있다. 육적 믿음이란 자신의 지식과 생각에 일치하는 것만 믿는 믿음이다. 행함이 없는 죽은 믿음이므로 하나님께서 인정하시지 않는다. 영적 믿음이란 자신이 배운 지식이나 생각에 맞지 않아도 하나님 말씀이라면 다 믿어지는 믿음으로서, 하나님 말씀대로 행하는 믿음이다.

이러한 영적 믿음은 하나님께서 주셔야 소유할 수 있으며 저마다 믿음의 분량이 다르다(롬 12:3). 믿음은 크게 1단계에서 5단계까지 구분되며, 1단계는 구원받기 위한 믿음, 2단계는 하나님 말씀대로 행하려고 하는 믿음, 3단계는 말씀대로 행할 수 있는 믿음, 4단계는 죄를 버리고 성결하여 지극히 주님을 사랑하는 믿음, 5단계는 하나님을 기쁘시게 하는 믿음을 말한다.

의인(義人)이란 문자 그대로 '의로운 사람'이다.

우리가 예수 그리스도를 영접하고 보혈로 죄를 용서받으면 의롭다 함을 얻게 된다. 곧 믿음으로 의롭다 인정을 받는 것이다. 여기서 마음속에 있는 악, 곧 비진리를 버리고 하나님 말씀을 좇아 진리대로 행해 나가면 참된 의인이 되어간다. 하나님께서 인정하시는 의인이 되는 것이다. 하나님께서는 이러한 의인을 기뻐하며 무엇이든지 기도하는 것에 응답해 주신다(약 5:16).

Chapter 7

의인은
믿음으로 살리라

복음에는 하나님의 의가 나타나서 믿음으
로 믿음에 이르게 하나니 기록된 바 오직
의인은 믿음으로 말미암아 살리라 함과 같
으니라 **로마서 1:17**

흔히 사람들은 고아나 과부 등 어려운 이웃을 위해 좋은 일을 하면 의로운 사람이라고 합니다. 또 온유하고 착해 보이며 질서를 잘 지키는 사람, 성내지 않으며 말없이 참는 사람을 볼 때 법 없이도 살 사람이라 말합니다. 그러면 이런 사람이 의인일까요?

호세아 14장 9절을 보면 "누가 지혜가 있어 이런 일을 깨달으며 누가 총명이 있어 이런 일을 알겠느냐 여호와의 도는 정직하니 의인이라야 그 도에 행하리라" 하였습니다. 즉, 여호와의 도를 행하는 자가 의인이라는 말씀입니다.

또 누가복음 1장 5~6절에 "유대 왕 헤롯 때에 아비야 반열에 제사장 하나가 있으니 이름은 사가랴요 그 아내는 아론의 자손이니 이름은 엘리사벳이라 이 두 사람이 하나님 앞에 의인이니 주의 모든 계명과 규례대로 흠이 없이 행하더라” 했습니다. 여호와의 도, 곧 주님의 모든 계명과 규례대로 흠없이 행할 때 하나님 보시기에 의인이라는 것입니다.

🌸 참된 의인이 되려면

아무리 의롭게 살고자 해도 사람에게는 태어나면서부터 조상의 기를 받아 가지고 있는 원죄와, 살면서 짓는 자범죄가 있기 때문에 아무도 의인이라 할 수 없습니다. 로마서 3장 10절에 “의인은 없나니 하나도 없으며” 말씀하신 대로입니다. 참된 의인은 오직 예수 그리스도뿐입니다.

예수님은 원죄와 자범죄가 없는 분으로, 우리 죄를 대속하기 위해 대신 십자가를 지고 피 흘려 죽으셨다가 다시 살아나 우리의 구세주가 되셨습니다. 우리가 길이요 진리이며 생명 되신 예수 그리스도를 믿을 때에 죄가 씻기고 의롭게 됩니다. 그런데 믿음으로 의롭게 되었다 해서 다 된 것이 아닙니다. 예수 그리스도를 믿으면 죄 사함받고 의롭게 되지만 마음에는 근본 죄성이 아직 남아 있기 때문입니다.

그래서 로마서 2장 13절에 “하나님 앞에서는 율법을 듣는 자가 의인이 아니요 오직 율법을 행하는 자라야 의롭다 하심을 얻으리니” 말씀합니다. 믿음으로 의롭다 인정받아도 말씀대로 행하여 비진리의 검은 마음이 진리의 하얀 마음으로 바뀔 때라야 진정한 의인이 된다는 것입니다.

성령이 오시기 전인 구약 시대에는 자신의 힘으로 죄를 온전히 버릴 수 없기 때문에 행위로 죄를 짓지 않으면 죄인이라 하지 않았습니다. '눈에는 눈, 이에는 이'로 보응하게 했던 율법 시대였기 때문입니다. 그러나 하나님께서 원하시는 것은 마음의 할례, 곧 마음에 있는 비진리, 죄성을 모두 버리고 사랑과 긍휼로 행하는 것입니다. 그래서 구약 시대와 달리 신약 시대에 예수 그리스도를 영접한 사람은 성령을 선물로 받고 성령의 도움으로 마음에 있는 죄성을 버릴 수 있게 되었습니다. 사람의 힘만으로는 죄를 버리고 참된 의인이 될 수 없기 때문에 성령께서 오신 것입니다.

그러므로 우리가 참된 의인이 되기 위해서는 성령의 도움을 받아야 합니다. 의인이 되고자 애써 부르짖어 기도하며 노력해 나갈 때 하나님께서 은혜와 능력을 주시고 성령께서 도우시니 능히 죄를 다스리며 마음 속에 있는 죄성을 뽑아 버릴 수 있습니다. 이렇게 성령의 도움으로 죄를 버리고 성결하며 믿음의 장성한 분량에 이를수록 하나님의 사랑을 받고 진정 의로운 사람이 되는 것입니다.

❧ 왜 의인이 되어야 하는가

혹자는 '꼭 그렇게 의인이 되어야 하나? 적당하게 예수 믿고 평범하게 살면 안 되나?' 라고 생각할 수 있습니다. 그러나 하나님께서는 요한계시록 3장 15~16절에 "내가 네 행위를 아노니 네가 차지도 아니하고 더웁지도 아니하도다 네가 차든지 더웁든지 하기를 원하노라 네가 이같이 미지근하여 더웁지도 아니하고 차지도 아니하니 내 입에서 너를 토하여 내치리라" 하셨습니다.

하나님께서는 적당주의 신앙을 싫어하십니다. 미지근한 신앙이 위험한 것은 그 상태로 유지하는 것이 아니라 결국 차가운 신앙으로 식어버리기 때문입니다. 마치 미지근한 물을 그대로 두면 차갑게 식는 것과 같지요. 하나님께서는 이런 신앙을 가진 사람을 내쳐 버리겠다 하십니다. 구원받을 수 없음을 나타내지요.

그러면 우리는 왜 의인이 되어야 할까요? 로마서 6장 23절에 "죄의 삯은 사망"이라 말씀한 대로 죄인은 원수 마귀에게 속하여 멸망의 길로 가기 때문에 죄에서 돌이켜 의인이 되어야 합니다. 그럴 때 원수 마귀가 주는 시험 환난과 질병에서 해방됩니다. 사람은 살아가면서 질병, 사고, 죽음 등 갖가지 어려운 일이나 슬픈 일을 당하게 마련인데 의인이 되면 그런 것과 상관이 없습니다.

따라서 우리는 하나님 말씀을 삼가 듣고 모든 명령을 지켜 행하는 사람이 되어야 합니다. 우리가 의롭게 살면 신명기 28장에 나오는 축복이 임하며 영혼이 잘됨같이 범사가 잘되고 강건하게 살 수 있습니다.

이렇게 축복받는 의인이 되기까지는 연단이 따릅니다. 가령, 올림픽에서 금메달을 따기 위해 선수들은 혹독한 훈련을 받습니다. 이와 마찬가지로 하나님께서는 사랑하는 자녀들의 믿음에 따라 감당할 만한 연단을 허락하여 점점 영혼이 잘되게 하십니다.

하나님께서는 아브라함에게 본토 친척 아비 집을 떠나게 하고 "너는 내 앞에서 행하여 완전하라"(창 17:1) 하시며 그를 연단하여 의인으로서 완전해지기까지 인도하셨습니다. 아브라함은 결국 독자 이삭을 하나님께 번제물로 바치라는 마지막 시험을 통과하여 모든 연단이 끝난 뒤에는 범사에 축복을 받고 형통하였습니다.

하나님께서는 믿음의 성장과 의인이 되는 축복의 길로 인도하기 위해 우리를 연단하십니다. 각 사람이 연단을 통과하면 축복을 주시고 더 큰 믿음으로 이끌어 가시지요. 이 과정을 통해 주님의 마음을 닮이기는 것입니다.

우리가 얼마나 죄를 버리고 주님의 마음을 닮았느냐에 따라 천국에서 주어지는 영광이 다릅니다. 고린도전서 15장 41절에 "해의 영광도 다르며 달의 영광도 다르며 별의 영광도 다른데 별과 별의 영광이 다르도다" 하신 대로 이 땅에서 의인이 된 만큼 천국에서도 저마다 차지하는 영광이 달라집니다.

정녕 하나님께서 원하시는 자녀는 주님의 마음을 닮은 참 자녀의 자격을 갖춘 사람입니다. 이러한 사람은 하나님 보좌가 있는 새 예루살렘 성에 들어가 해와 같이 빛나는 영광의 자리에 이르게 됩니다.

❧ 의인은 믿음으로 살리라

그러면 의인이 되기 위해서는 어떻게 살아야 할까요? 로마서 1장 17절에 "오직 의인은 믿음으로 말미암아 살리라" 하신 대로 믿음으로 살아야 합니다. 믿음은 크게 두 가지로 나눌 수 있습니다. 바로 육적인 믿음과 영적인 믿음입니다. 육적인 믿음은 지식적인 믿음 또는 이성적인 믿음이라고도 합니다.

인간은 태어나 성장하면서 부모나 스승, 이웃, 친구에게서 보고 듣고 배운 것을 뇌의 기억 장치에 지식으로 담습니다. 이렇게 자기가 가진 지식과 일치할 때만 믿는 것을 육적인 믿음이라 말합니다. 그러기에 육적인 믿음을 가진 사람들은 유에서 유의 창조, 즉 존재하는 어떤 것으로 무엇을 만들어 내는 것은 믿지만 무에서 유의 창조, 즉 아무것도 없는 데에서 무엇을 만들어 내는 것은 믿지 못합니다.

예를 들어, 하나님께서 말씀으로 천지를 창조하신 것이나 예수님께서 바람을 꾸짖으며 바다를 향해 "잠잠하라"(막 4:39) 하시니 바람과 파도가 순종한 일을 믿지 못하는 것입니다. 하나님께서는 나귀의 입을 열어 말하게 하고, 지팡이로 홍해를 가르게 하며, 견고한 여리고 성도 이스라엘 백성이 돌고 외치니 무너지게 하셨습니다. 이러한 일은 일반적인 상식과 도무지 맞지 않습니다.

어떻게 지팡이 든 손을 내민다고 바다가 갈라지겠습니까? 그러나 능치 못할 일이 없는 하나님께서 역사하시면 갈라지는 것입니다. 하나님을 믿는다 하면서도 영적인 믿음을 갖지 못한 사람은 그러한 사실을 믿지 않습니다. 육적인 믿음을 가진 사람은 이처럼 마음에 믿어지는 믿음이 없으므로 당연히 말씀에 순종하지 못합니다. 그러니 응답받을 수 없으며 구원받을 수도 없기 때문에 죽은 믿음이라고 합니다.

이와 반대로 무에서 유의 창조를 믿는 영적인 믿음을 산 믿음이라고 합니다. 이는 육신의 생각을 깨뜨리고 내 생각과 지식에 맞추지 않으며 성경 말씀을 그대로 믿는 믿음입니다. 영적인 믿음은 무엇이나 할 수 있는 불가능이 없는 믿음이며, 우리를 구원에 이르게 하니 산 믿음이라 하는 것입니다. 하나님께서 원하시는 의인이 되려면 영적인 믿음을 소유해야 합니다.

❧ 영적인 믿음을 소유하려면

우리가 영적인 믿음을 소유하기 위해서는 무엇보다 먼저 영적인 믿음을 갖지 못하게 방해하는 모든 생각과 이론을 깨뜨려야 합니다. 고린도후서 10장 5절에 말씀한 대로 모든 이론을 파하며 하나님 아는 것을 대적하여 높아진 것을 다 파하고 모든 생각을 사로잡아 그리스도에게 복종시켜야 합니다.

사람이 태어나서부터 배운 지식과 이론, 사고와 가치관이 다 옳은 것은 아닙니다. 오직 하나님 말씀만이 영원불변의 진리이지요. 만일 자신의 지식과 이론을 옳다고 고집한다면 사람의 한계로는 하나님 말씀을 받아들일 수 없습니다. 따라서 영적인 믿음을 가질 수 없기 때문에 먼저 이러한 것을 깨뜨려야 하는 것입니다.

또한 영적인 믿음을 소유하려면 열심히 하나님 말씀을 들어야 합니다. 로마서 10장 17절에 믿음은 들음에서 난다 하였으니 믿음을 갖기 위해서는 먼저 말씀을 들어야 하는 것입니다. 하나님 말씀을 듣지 않고서는 진리를 알 수 없으므로 믿음이 생길 수 없습니다. 열심히 교회에 나와 예배드리며 주의 이름으로 모이는 각종 모임을 통해 성경 말씀이나 다른 사람의 간증을 듣다보면 지식적이나마 믿음이 생깁니다.

이 지식적인 믿음을 영적인 믿음으로 바꾸기 위해서는 들은 말씀을 실제로 행해야 합니다. 야고보서 2장 22절 말씀대로 믿음이 그의 행함과 함께 일하고 행함으로 믿음이 온전케 되기 때문입니다.

야구를 좋아하는 사람이 야구에 대한 책을 많이 읽는다 해서 뛰어난 야구선수가 될 수는 없습니다. 지식을 습득했으면 그것을 토대로 피땀어린 훈련을 해야 훌륭한 선수가 될 수 있지요. 마찬가지로 성경을 아무리 많이 읽고 들었다 해도 행함이 따르지 않으면 지식적인 믿음에 그칠 뿐 영적인 믿음이 오는 것은 아닙니다. 말씀을 들은 대로 행할 때 하나님께서 마음에 믿어지는 영적인 믿음을 주시는 것입니다.

그러면 하나님께서 "항상 기뻐하라 쉬지 말고 기도하라 범사에 감사하라" 말씀하신 것을 마음에서 믿는 사람에게는 어떠한 행함이 따를까요? 기뻐할 일에는 당연히 기뻐할 뿐 아니라 슬픈 일이 생겨도 기뻐하며 모든 일을 하나님께 맡깁니다. 아무리 바빠도 시간을 할애하여 기도하며, 환경이 어떻든 전지전능한 하나님을 믿으니 응답받은 줄 믿고 범사에 감사합니다.

이처럼 말씀에 순종할 때 하나님께서 그 믿음을 기뻐하셔서 시험 환난을 물리쳐 주고 기도에 응답하심으로 정녕 기뻐하고 감사할 조건으로 만들어 주십니다. 우리가 열심히 기도하여 성령의 도움으로 비진리를 버려 나가며 말씀대로 행하면 지식적인 믿음이 받침대가 되어 하나님께서 영적인 믿음을 주시지요.

영적인 믿음이 있으면 하나님 말씀에 순종합니다. 할 수 없는 것을 믿음으로 행할 때 하나님께시는 힐 수 있도록 하십니다. 그러니 물질의 축복을 받는 것도 너무나 쉽습니다. 말라기 3장 10절에 기록된 대로 온전한 십일조를 심으면 쌓을 곳이 없도록 거두게 됩니다. 심으면 30배, 60배, 100배로 거둘 것을 믿으니 기쁨으로 심을 수 있지요. 이렇게 의인은 믿음으로 말미암아 하나님 사랑과 축복을 받으며 살아갑니다.

❧ 믿음으로 살아가는 방법

우리의 삶 가운데에도 앞을 가로막는 홍해가 있고, 무너뜨려야 할 여리고 성과 범람하는 요단강 등 이런저런 경우가 있습니다. 이런 문제가 닥쳤을 때 진리 안에 사는 것이 곧 믿음으로 살아가는 것입니다. 예를 들어, 상대가 나를 때렸을 때 육적인 믿음으로는 같이 때리고 미워하지만, 영적인 믿음을 가진 사람은 그를 미워하지 않고 사랑합니다. 이러한 산 믿음, 말씀대로 행하는 믿음이 있을 때 원수 마귀가 물러가고 문제가 해결됩니다.

그러므로 믿음으로 살아가는 의인들은 하나님을 사랑하여 계명을 지키며 진리대로 행합니다. 간혹 어떻게 계명을 다 지킬 수 있느냐고 묻는 사람이 있습니다. 자녀가 부모를 공경하고 부부는 서로 사랑하는 것이 당연하듯이, 하나님의 자녀라면 그 계명을 지키는 것이 당연한 것입니다.

가령, 교회에 갓 나온 초신자는 주일에 가게 문을 닫아야 하는 것이 어렵게 느껴질 수 있습니다. 가게 문을 닫고 주일을 온전히 지키면 축복을 받는다는 말씀을 들어서 안다고 해도 믿어지지 않습니다. 그러기에 주일 오전예배만 드리고 가게 문을 여는 경우도 있습니다.

반면에 믿음이 있는 사람은 수입이 문제가 아닙니다. 하나님 말씀에 순종하는 것이 우선이니 가게 문을 닫고 순종합니다. 그러면 하나님께서는 그 믿음을 보시고 주일에 가게 문을 열 때보다 매출이 더욱 넘치게 축복하십니다. 바로 하나님의 약속대로 손해가지 않도록 누르고 흔들어 넘치게 하시는 것입니다.

물질의 축복뿐 아니라 죄를 버리는 것도 마찬가지입니다. 미움, 시기, 간음과 같이 버리기 힘든 죄라도 간절히 기도하면 버릴 수 있습니다. 저의 경우 기도만으로 버려지지 않는 것은 금식을 해서라도 버렸습니다. 3일 금식으로 안 되면 5일을 합니다. 그래도 안 되면 7일, 10일로 늘려 버려질 때까지 하였습니다. 그러면 나중에는 금식하는 것이 싫어서라도 죄를 버립니다.

그렇게 해서 가장 버리기 힘든 몇 가지만 버리면 나머지 죄를 버리는 것은 수월합니다. 마치 나무의 큰 뿌리를 뽑을 때 잔뿌리도 같이 뽑혀 나가듯이 가장 버리기 힘든 죄를 버리기 위해 기도하며 금식하면 그와 함께 나머지 죄들도 버려집니다.

하나님을 사랑하면 계명을 지키는 것이 어렵지 않습니다. 그런 사람이 어떻게 말씀에 순종하지 않겠습니까? 하나님을 사랑하는 것은 곧 계명을 지키는 것이므로 사랑이 있으면 계명을 다 지킬 수 있습니다. 우리 앞에 산재된 문제가 홍해만큼 크고 여리고 성만큼 단단합니까?

그러나 우리가 영적인 믿음을 소유하여 행함으로 나타내며 의인의 길로 가면 하나님께서는 우리의 고통과 어려운 일을 다 해결해 주십니다. 의인이 되어가는 만큼 문제가 풀리고 응답이 옵니다. 따라서 믿음의 행진을 하는 참된 의인이 되어 이 땅에서 만사형통한 삶을 영위하는 것은 물론, 천국에서도 영생복락을 누리시기 바랍니다.

생각과 이론과 틀

생각이란 뇌의 기억장치에 입력된 지식을 혼의 작용을 통해 되살려 내는 것을 말한다. 이러한 생각은 하나님과 원수 된 육신의 생각과 하나님이 원하고 기뻐하시는 영의 생각으로 구분할 수 있다. 우리 마음에 입력된 지식 중에 진리를 선택하면 영의 생각을 하는 반면, 비진리를 선택하면 육신의 생각을 하게 된다.

이론이란 지식을 바탕으로 경험이나 사고, 학습 등을 통해 스스로 정립시켜 놓은 논리를 말한다. 이론은 각 사람의 체험과 생각, 시대에 따라 달라지므로 변론을 낳으며 진리인 하나님 말씀과는 상반되는 경우가 많다.

틀이란 자신이 옳다고 여기는 것을 토대로 만들어 놓은 자기만의 모습을 말한다. 결국 자기 의가 굳어지면서 틀을 만들기 때문에 어떤 사람은 성격 자체가 틀이 되고, 지식과 이론이 틀이 되기도 한다. 하나님 말씀을 듣고 진리를 깨달아야 자신의 틀을 발견하고 깨뜨릴 수 있다.

Chapter 8

그리스도께 복종케 하라

우리가 육체에 있어 행하나 육체대로 싸우지 아니하노니 우리의 싸우는 병기는 육체에 속한 것이 아니요 오직 하나님 앞에서 견고한 진을 파하는 강력이라 모든 이론을 파하며 하나님 아는 것을 대적하여 높아진 것을 다 파하고 모든 생각을 사로잡아 그리스도에게 복종케 하니 너희의 복종이 온전히 될 때에 모든 복종치 않는 것을 벌하려고 예비하는 중에 있노라 **고린도후서 10:3~6**

우리가 예수 그리스도를 영접하고 영적인 믿음을 소유한 의인이 되면 하나님의 놀라운 축복을 받습니다. 하나님의 역사를 크게 이루어 영광 돌릴 뿐 아니라 무엇이든지 구하는 대로 응답을 받으며 만사형통한 삶을 살게 됩니다.

그런데 믿음이 있다 하면서도 하나님 말씀에 순종하지 못하고 하나님의 의를 이루지 못하는 사람들이 있습니다. 열심히 기도하며 충성한다 하지만 축복을 받지 못하고 시험과 환난, 질병과 고통 가운데 있는 사람도 있지요. 믿음이 있다면 당연히 하나님 말씀대로 살아야 하고 축복받아야 하는데 그렇지 못한 이유는 무엇일까요? 바로 육신의 생각이 있기 때문입니다.

❀ 하나님과 원수 된 육신의 생각

육신이란 몸과 결합된 죄성으로, 아직 행위로 나타내지 않았지만 자기 안에 있는 비진리의 마음입니다. 이 마음에 있는 비진리가 생각을 통해 나오는 것이 바로 육신의 생각입니다. 우리에게 육신의 생각이 있으면 진리에 온전히 순종할 수 없습니다. 로마서 8장 7절에 "육신의 생각은 하나님과 원수가 되나니 이는 하나님의 법에 굴복지 아니할 뿐 아니라 할 수도 없음이라" 하셨기 때문입니다.

그러면 육신의 생각이란 구체적으로 무엇일까요? 생각에는 두 가지가 있습니다. 하나님의 법인 진리대로 행하게 하는 영의 생각(롬 8:6)과 그러지 못하게 하는 육신의 생각입니다. 진리와 비진리 중에 어떤 것을 선택하느냐에 따라 영의 생각을 할 수도, 육신의 생각을 할 수도 있습니다.

가령, 미운 사람을 볼 때 그냥 감정에 따라 미워하려는 생각이 있는가 하면, 미워하지 않고 사랑하려는 생각이 있는 것입니다. 남이 가진 좋은 물건을 보고 훔치고 싶다는 생각이 들기도 하고 한편으로는 이웃의 것을 탐내서는 안 된다는 생각이 듭니다. 사랑하라, 탐내지 말라는 하나님의 법, 곧 진리에 맞는 생각은 영의 생각이지만 미워하고 도둑질하려는 것은 하나님의 법과 반대가 되는 육신의 생각입니다.

육신의 생각은 하나님과 원수이니 믿음의 성장을 방해하며 하나님을 대적합니다. 우리가 육신의 생각을 좇으면 하나님과 멀어지고 세상으로 빠지며 어려운 시험 환난을 당하게 됩니다. 그러므로 세상에서 보고 듣고 배운 것 중에 하나님 뜻에 어긋나고 믿음 생활을 방해하는 생각은 하나님과 원수 되는 육신의 생각임을 깨달아 철저히 버려야 합니다. 아무리 자신이 보기에는 옳아 보여도 하나님의 뜻을 거스른다면 모두 육신의 생각이요, 하나님과 원수가 됩니다.

베드로의 경우는 어떠하였습니까? 예수님께서 예루살렘으로 올라가 십지기를 지고 죽임당할 것과 삼 일 만에 실아나야 할 것을 말씀하실 때, 베드로는 "주여 그리 마옵소서 이 일이 결코 주에게 미치지 아니하리이다"(마 16:22)라고 말했지요. 그러자 예수님께서는 베드로에게 "사단아 내 뒤로 물러가라 너는 나를 넘어지게 하는 자로다 네가 하나님의 일을 생각지 아니하고 도리어 사람의 일을 생각하는도다"라고 책망하셨습니다(마 16:23).

베드로는 예수님의 수제자로 스승을 사랑하는 마음에서 한 말입니다. 그러나 아무리 좋은 뜻에서 한 것이라 해도 하나님의 뜻을 거스르는 말이었습니다. 십자가를 지심으로 구원의 문을 여는 것이 하나님 뜻이기 때문에 예수님께서는 베드로의 생각을 통해 방해하는 사단을 물리치신 것입니다. 결국 베드로는 예수님의 죽음과 부활을 체험하면서 육신의 생각이 얼마나 무익하고 하나님과 원수가 되는지를 깨우치고 철저히 깨뜨렸습니다. 그 결과 예수 그리스도의 복음을 전파하며 초대교회를 든든히 세우는 기둥과 같은 일꾼이 되었지요.

❧ 육신의 생각 중에 대표적인 '자기 의'

이러한 육신의 생각 중에 대표적인 것이 바로 '자기 의'입니다. 자기 의란 쉽게 말하면 내가 옳다고 주장하는 것입니다. 사람은 태어나서 부모나 여러 스승을 만나 교육을 받습니다. 또 친구나 주변 환경 등을 통하여 많은 것을 배웁니다.

그런데 아무리 훌륭한 부모나 스승으로부터 배운다 할지라도 진리대로만 가르침 받기란 쉽지 않습니다. 오히려 하나님의 뜻에 합당치 않은 것을 더 많이 배우게 됩니다. 물론 사람들은 '자신이 보기에 옳다' 하는 것을 상대에게 가르치지만 하나님의 의로 비추어 보면 참된 것은 아주 적고 대부분이 비진리입니다. 선한 분은 오직 하나님 한 분뿐이기 때문입니다(막 10:18 ; 눅 18:19).

예를 들어, 하나님께서는 선으로 악을 이기라, 미운 자가 오 리를 가자고 하면 십 리를 동행해 주고, 속옷을 달라고 하면 겉옷도 주라고 하십니다. 섬기는 자가 큰 자라 하시고 양보하고 희생하는 것이 결국은 이기는 것임을 가르쳐 주십니다. 그러나 대다수의 사람들이 옳다고 하는 의는 다릅니다. 원수는 갚아야 하며 악은 끝까지 대항하여 이겨야 한다고 가르칩니다. 또 그렇게 행하는 사람들을 의인이라고 부르지요.

쉬운 예로, 자녀가 이웃집에 놀러 갔다가 울고 왔다고 합시다. 아이의 얼굴을 보니 맞았는지 손톱자국이 있습니다. 그러면 대부분의 부모가 속이 상해서 야단을 칩니다. 심한 경우 다음부터는 맞지만 말고 같이 때려 주라고 가르칩니다. 맞고 오는 것을 바보 같은 일이라고 가르치는 것입니다.

또 질병으로 고통당하는 사람 중에는 상대가 힘들어하든 말든 자기를 편하게 해 달라고 갖가지 요구를 하는 경우가 많습니다. 아픈 사람 입장에서는 자신의 고통이 크기 때문에 당연하다고 여길지 모르지만 하나님은 자기 유익을 구하지 말고 상대의 유익을 구하라 말씀합니다. 이처럼 사람의 생각과 하나님의 생각은 다르고, 사람의 의와 하나님의 의에는 큰 차이가 있습니다.

창세기 37장 2절을 보면 요셉이 자기의 의로 종종 형들의 잘못을 아버지에게 고한 것을 알 수 있습니다. 그는 형들이 불법을 행하는 것이 싫었던 것입니다. 이때 요셉이 더 선하였다면 하나님의 지혜를 받아 형들의 마음을 불편케 하지 않으면서 화평을 깨뜨리지 않는 선한 방법을 찾았을 것입니다. 그러나 그는 자신의 의로 인해 형들에게 미움을 받을 수밖에 없었고 결국 형들의 손에 의해 애굽에 종으로

팔려 갑니다. 이처럼 자신이 보기에 옳다는 의로 상대의 감정을 격동시키면 화를 당할 수 있습니다.

그러나 연단을 통해 자기 의를 버리고 하나님의 의를 깨달은 요셉은 어찌 되었습니까? 애굽의 총리 자리에까지 올라 만인을 다스리는 권세를 얻고, 자기를 애굽에 판 형들과 가족을 기근에서 구하고 이스라엘 민족을 형성하는 기틀을 마련했습니다.

❧ 육신의 생각을 깨뜨리고 그리스도께 복종한 사도 바울

빌립보서 3장 7~9절을 보면 사도 바울이 "무엇이든지 내게 유익하던 것을 내가 그리스도를 위하여 다 해로 여길뿐더러 또한 모든 것을 해로 여김은 내 주 그리스도 예수를 아는 지식이 가장 고상함을 인함이라 내가 그를 위하여 모든 것을 잃어버리고 배설물로 여김은 그리스도를 얻고 그 안에서 발견되려 함이니" 고백합니다.

그는 길리기아의 수도 다소에서 태어나 나면서부터 로마의 시민권이 있었습니다. 당시 세계를 지배한 로마 시민권을 소유했다는 것은 상당한 사회적 지위를 가졌음을 나타냅니다. 뿐만 아니라 베냐민 지파의 정통 바리새인에 속했던 그는 당대 최고의 교법사인 가말리엘 문하에서 엄격한 교육을 받았습니다(행 22:3).

철저한 유대교도인 바울은 기독교 박해에 앞장섰으며 다메섹, 즉 지금의 다마스쿠스에 있는 그리스도인들까지도 체포하고자 그곳으로 가던 중 예수 그리스도를 만났습니다. 이 만남을 통해 바울은 자신의 잘못을 깨닫고 예수 그리스도가 진정한 구세주임을 알았습니다. 그 후 그는 자신의 지식과 교양, 사회적 지위를 모두 버리고 주를 좇았습니다.

이처럼 사도 바울이 예수 그리스도를 만난 후 자기에게 유익하던 모든 것을 해로 여긴 이유는 무엇일까요? 그는 세상의 지식이 피조물인 인간에 의해 이루어진 것으로서 한계가 있음을 깨달았습니다. 그리고 예수 그리스도를 영접하고 하나님을 믿으면 생명을 얻어 천국에서 영원한 행복을 누리며 사는 것과 모든 지식의 근본은 하나님이라는 사실을 알았습니다.

즉 세상에서 배우는 모든 학문은 이 세상을 살아가는 데 필요한 부수적인 것이고, 예수 그리스도를 아는 지식이 인간의 근본적인 문제를 해결하는 가장 고상한 지식임을 안 것입니다. 예수 그리스도를 아는 지식 안에 무궁무진한 능력과 권세, 보화, 명예, 부가 담긴 사실을 발견하였습니다. 그는 그것을 분명히 믿었기에 세상에서 배운 모든 학문과 지식을 해로 여기고 배설물과 같이 여겼습니다. 바로 그리스도를 얻고 그 안에서 자신을 발견하기 위함이지요.

만일 "내가 안다" 하는 고집이 있고 "내가 옳다" 하는 자기 주장으로 가득 차 있다면 자기를 발견하지 못하고 자기가 최고인 줄 압니다. 이러한 사람은 다른 사람의 말을 겸손하게 들으려 하지 않으니 배울 수 없고 터득할 수도 없습니다. 그러나 사도 바울은 최고의 스승인 예수 그리스도를 만나 그분의 가르침을 자기 것으로 삼기 위해 지금껏 자기가 옳다 여겼던 육신의 생각을 분토같이 버렸습니다. 육신의 생각을 깨뜨려야 그분의 고상한 지식을 얻을 수 있기 때문입니다.

그러므로 사도 바울은 "내가 가진 의는 율법에서 난 것이 아니요 오직 그리스도를 믿음으로 말미암은 것이니 곧 믿음으로 하나님께로서 난 의라"(빌 3:9) 하며 하나님께서 원하시는 의를 이루어갈 수 있었습니다.

믿음으로 하나님께로서 난 의

사도 바울은 주님을 만나기 전, 율법을 철저히 지키며 스스로 의롭다고 생각했습니다. 그러나 주님을 만나 성령을 받고 자신을 발견한 후에는 "죄인 중에 내가 괴수니라" 고백합니다(딤전 1:15). 원죄와 자범죄가 있으며 진정한 사랑을 이루지도 못했다는 것입니다. 만일 그가 의롭고 하나님께서 원하시는 신앙을 가졌더라면 당연히 예수 그리스도를 알아보고 섬겼을 것입니다. 그러나 구세주를 알아보지 못하고 오히려 예수 믿는 사람들을 잡아 죽이고 능욕하는 데 동참하였으니 예수님을 십자가에 못 박은 바리새인들과 다를 바 없었습니다.

구약 시대에는 눈으로 범죄하면 눈을 뺐고 손으로 범죄하면 손을 잘랐습니다. 율법에는 살인하거나 간음하면 돌로 쳐 죽이게 되어 있

있습니다. 그러나 바리새인들은 그 안에 담긴 하나님의 마음은 알지 못했지요. 사랑의 하나님께서 왜 그렇게 규정하셨을까요?

인간이 죄를 범하면 어차피 죄의 삯은 사망이므로 지옥에 가서 영원히 고통당할 수밖에 없습니다. 그래서 손이나 발이 범죄하여 영원히 사망의 길로 가는 것보다는 차라리 수족을 잘라서라도 더는 범죄치 않고 천국에 가게 하는 것이 낫지 않겠습니까? 또한 살인이나 간음은 사람이 보기에도 심히 악한 죄로 그만큼 마음이 강퍅하다는 증거입니다. 이러한 사람은 돌이키기가 어렵습니다. 어차피 구원받지 못하고 지옥에 가게 되니 차라리 돌로 쳐 죽임으로써 다른 사람들에게 경고와 교훈이 되게 하신 것입니다.

이것도 하나님의 사랑이지만 원래 하나님께서 눈에는 눈, 이에는 이로 대응히는 율법적인 신앙을 원하신 것이 아닙니다. 신명기 10장 16절을 보면 "너희는 마음에 할례를 행하고 다시는 목을 곧게 하지 말라" 하셨으며, 예레미야 4장 4절에는 "너희는 스스로 할례를 행하여 너희 마음 가죽을 베고 나 여호와께 속하라 그렇지 아니하면 너희 행악을 인하여 나의 분노가 불같이 발하여 사르리니 그것을 끌 자가 없으리라" 하셨습니다.

그러므로 구약 시대라 할지라도 하나님께 인정받은 선지자들은 결코 율법적인 신앙을 소유하지 않았습니다. 하나님께서 정작 원하시는 것은 영적인 사랑과 긍휼이기 때문입니다. 예수 그리스도께서 사랑으로 율법을 완성하신 것처럼 하나님의 사랑과 축복을 받은 믿음의 선진들은 사랑과 화평을 좇았습니다.

모세의 경우 출애굽한 이스라엘 백성이 하나님께 용서받지 못할 죄를 지어 죽을 위기에 처하자 자신의 생명을 담보로 백성을 위해 간절히 기도했습니다. 그러나 예수 그리스도를 만나기 전의 바울은 그렇지 않았습니다. 하나님 보시기에 의로운 자가 아니라 자신이 보기에 의로운 자였습니다.

그는 그리스도를 만난 후에야 자기가 알던 모든 것을 무익하게 여기고 가장 고상한 지식을 전파하는 자가 되었습니다. 영혼을 사랑하여 곳곳에 교회를 세우고 복음을 위해 생명을 바치는 진정 가치 있는 삶을 살게 된 것입니다.

육신의 생각으로 하나님께 불순종한 사울 왕

육신의 생각으로 하나님과 원수가 된 대표적인 인물로 사울 왕을 들 수 있습니다. 사울은 이스라엘의 초대 왕으로서 선지자 사무엘로부터 기름 부음을 받아 40년간 이스라엘을 통치하였습니다. 그는 왕이 되기 전 겸손한 사람이었으나 왕이 된 후 점차 교만해졌습니다. 한 예로, 블레셋과 전투를 하려고 대치한 상황에서 제사장 사무엘이 기한 내에 오지 않아 백성이 흩어지자, 제사장만이 드릴 수 있는 번제를 임의로 드려 하나님의 뜻을 거스르고 말았습니다. 제사장의 영역을 침범한 것에 대해 사무엘이 책망하자 회개는커녕 변명하기에 급급했습니다.

하나님께서 "아말렉을 진멸하라" 하셨을 때에도 순종하지 않고 적국의 왕을 사로잡아 왔으며 가축 중에도 좋은 것은 멸하지 않고 끌고 왔습니다. 육신의 생각이 틈타니 하나님 말씀보다 자신의 생각을 앞세운 것입니다. 그러면서도 백성 앞에서 자신을 높여 달라고 요구합니다. 결국 하나님께로부터 버림받아 악신에게 시달려야 했고 그런 상황에서도 악을 버리지 않고 하나님께서 기름 부어 세운 다윗을 죽이려고 쫓아다녔습니다. 하나님께서 수차례 돌이킬 기회를 주셨지만 그는 끝내 육신의 생각을 버리지 않고 하나님 말씀을 거듭 불순종하여 사망의 길로 갔습니다.

🌼 믿음으로 하나님의 의를 이루는 방법

그러면 어떻게 하나님과 원수 된 육신의 생각을 버리고 하나님의 의를 이루는 사람이 될 수 있을까요? 모든 이론을 파하며 하나님 아는 것을 대적하여 높아진 것을 다 파하고 모든 생각을 사로잡아 그리스도께 복종케 해야 합니다(고후 10:5).

그리스도께 복종하라는 것은 결코 우리를 얽매거나 괴롭히려는 것이 아니며 우리를 영생과 축복의 길로 인도하기 위한 것입니다. 그래서 예수 그리스도를 구주로 영접하여 하나님의 놀라운 사랑을 깨달은 사람들은 말씀에 기꺼이 순종하며 하나님의 마음을 닮아가려고 노력합니다.

　이처럼 예수 그리스도를 믿음으로 하나님의 의를 이루기 위해서는 악은 모양이라도 버리며(살전 5:22) 선을 이루어야 합니다. 내 마음에 비진리가 없으면 육신의 생각이 나오지 않습니다. 비진리가 있는 만큼 생각을 통해 사단의 역사를 받아서 악한 길로 가는 것입니다. 따라서 그리스도께 복종하는 것은 곧 비진리를 버리며 하나님 말씀을 알고 그대로 행해 나가는 것입니다.

　하나님 말씀에 "모이기에 힘쓰라" 하였으면 생각을 동원하지 않고 모이기에 힘써야 합니다. 예배를 드리면서 하나님의 법도를 깨우쳐 그대로 순종하면 됩니다. 그러나 하나님 말씀을 안다고 해서 다 행할 수 있는 것은 아닙니다. 기도를 해야 행할 수 있는 능력이 옵니다. 기도하면 성령이 충만하여 육신의 생각을 제어할 수 있지만 기도하지 않으면 육신의 생각에 사로잡혀 끌려갈 수밖에 없습니다.

　그러므로 기도하면서 하나님 말씀대로 살고자 힘써야 합니다. 예수 그리스도를 알기 전에는 쉬자, 즐기자, 먹자 하며 육체의 소욕을 좇아 나갔다면 이제는 어떻게 하면 하나님 나라와 의를 이룰 것인지를 묵상하며 열심히 행해 나가야 합니다. 미움, 시기 등 하나님 말씀에 위배되는 갖가지 악을 발견하여 버리면서 예수님께서 하신 것처럼 원수까지도 사랑하며 자기를 낮추고 상대를 섬기는 사람이 되면 이것이 바로 하나님의 의를 이룬 것입니다.

　사도 바울처럼 모든 이론과 하나님 아는 것을 대적하여 높아진

것을 다 파하고 모든 생각을 사로잡아 그리스도께 복종케 함으로
써 하나님께 지혜와 명철을 받아 범사에 형통한 의인이 되시기 바랍
니다.

믿음과 순종과 행함의 의

믿음의 의란 하나님 말씀에 의지하여 현실을 보지 않고 믿음의 눈으로 그 결과를 바라보는 것을 의미한다. 자신의 생각이나 능력을 의지하는 것이 아니라 하나님 말씀을 의지하는 것이다.

순종의 의란 진리 안에서 자신의 능력으로 할 수 있는 것뿐만 아니라, 사람의 생각으로는 도저히 할 수 없는 것에 순종하는 것을 말한다. 믿음의 의가 있으면 나아가 순종의 의를 이룰 수 있다. 믿음의 의를 바탕으로 순종의 의를 이룬 사람은 현실적으로 불가능한 일에도 믿음으로 순종할 수 있다.

행함의 의란 하나님께서 원하시는 것이라면 아무런 이의도 달지 않고 하나님 뜻에 맞춰 행할 수 있는 것을 말한다. 행함의 의는 각 사람의 그릇과 마음 됨됨이에 따라 행할 수 있는 폭이 다르다. 자기 유익을 구치 않고 상대의 유익을 구하며 자신을 헌신하는 만큼 이루어진다.

주께서
칭찬하시는 자

옳다 인정함을 받는 자는 자기를 칭찬
하는 자가 아니요 오직 주께서 칭찬하
시는 자니라 **고린도후서 10:18**

우리가 어떤 직종에 있든 그 분야에서 뛰어난 사람이 되면 칭찬받을 수 있습니다. 그러나 칭찬받는다 해도 일반인이 칭찬하는 것과 그 분야의 전문가가 칭찬하는 것에는 큰 차이가 있습니다. 하물며 만왕의 왕, 만주의 주이신 주님께서 옳다 인정하며 칭찬하시는 자가 된다면 그 기쁨은 무엇과도 비교할 수 없을 것입니다.

✤ 주께서 칭찬하시는 자

하나님께서는 마음이 의롭고 그리스도의 향기를 내는 사람을 칭찬하십니다. 성경을 보면 예수님께서는 칭찬하시는 일이 극히 드물었는데 혹 칭찬하실 때에는 직설적으로 표현하기보다는 "옳은 일을 행하였다, 이를 기억하라, 기념하라, 널리 전파하라” 등의 표현을 사용하셨습니다.

누가복음 21장에는 가난한 과부가 동전 두 렙돈을 헌금한 장면이 나옵니다. 그때 예수님께서는 “이 가난한 과부가 모든 사람보다 많이 넣었도다 저들은 그 풍족한 중에서 헌금을 넣었거니와 이 과부는 그 구차한 중에서 자기의 있는 바 생활비 전부를 넣었느니라”(눅 21:3~4) 하시며 정성을 다해 헌금한 가난한 과부를 칭찬하셨습니다.

마가복음 14장에는 한 여자가 값비싼 향유를 예수님의 머리에 부은 이야기가 나옵니다. 그 자리에 있던 어떤 사람들이 “이 향유를 삼백 데나리온 이상에 팔아 가난한 자들에게 줄 수 있었겠도다”(막 14:5) 하며 그 여자를 책망합니다.

그러자 예수님께서 “가난한 자들은 항상 너희와 함께 있으니 아무 때라도 원하는 대로 도울 수 있거니와 나는 너희와 항상 함께 있지 아니하리라 저가 힘을 다하여 내 몸에 향유를 부어 내 장사를 미리 준비하였느니라 내가 진실로 너희에게 이르노니 온 천하에 어디서든지 복음이 전파되는 곳에는 이 여자의 행한 일도 말하여 저를 기념하리라”(막 14:7~9) 말씀하십니다.

이처럼 주께서 칭찬하시는 자가 되려면 무엇보다 먼저 마땅히 할 일을 해야 합니다. 그러면 하나님의 사람으로서 마땅히 해야 할 일이 무엇인지 구체적으로 살펴보겠습니다.

❧ 하나님 앞에서 옳다 인정함을 받으려면

1) 하나님 앞에 열심히 단을 쌓아야

창세기 12장 7~8절을 보면 "여호와께서 아브람에게 나타나 가라 사대 내가 이 땅을 네 자손에게 주리라 하신지라 그가 자기에게 나타나신 여호와를 위하여 그곳에 단을 쌓고 거기서 벧엘 동편 산으로 옮겨 장막을 치니 서는 벧엘이요 동은 아이라 그가 그곳에서 여호와를 위하여 단을 쌓고 여호와의 이름을 부르더니" 했습니다. 이외에도 창세기 13장 4절이나 18절에 아브라함이 하나님 앞에 단을 쌓은 기록이 나옵니다.

창세기 28장에는 야곱이 단을 쌓은 기록이 있습니다. 야곱은 자기를 죽이려는 형을 피하여 도망할 때 한 곳에 이르러 돌을 베개로 삼고 잠이 들었습니다. 그런데 꿈에 하늘에 닿은 사닥다리와 그 위에서 하나님의 시지기 오르락내리락 하는 것을 보았고 하나님 음성을 들었습니다. 아침에 잠에서 깬 야곱은 돌베개를 기둥으로 세우고 그 위에 기름을 붓고는 하나님께 경배를 드렸습니다.

하나님 앞에 단을 쌓는 것이란 오늘날 성전에 나와서 예배드리는 것입니다. 또한 감사한 마음으로 정성껏 예물을 드리며, 하나님 말씀을 듣고 그것을 마음에 양식 삼는 것을 말합니다. 말씀을 들었으면 듣는 것으로 그치지 않고 마음에 양식을 삼아 지켜 행해야 합니다. 이렇게 신령과 진정으로 예배를 드리고, 말씀대로 행해야 하나님께서 기뻐하시며 축복된 삶으로 인도하는 것입니다.

2) 하나님께서 원하시는 기도를 해야

기도는 영적 호흡이며 하나님과의 대화이므로 기도의 중요성이 성경 곳곳에 언급되어 있습니다. 물론 우리가 일일이 말하지 않아도 하나님께서는 모든 것을 아십니다. 그런데도 자녀들과 대화하며 사랑을 주고받기 원하시기 때문에 마태복음 7장 7절에 "구하라 그러면 너희에게 주실 것이요" 약속하셨습니다.

우리가 영혼이 잘되어 천국에 가려면 기도해야 합니다. 기도함으로 하나님 은혜와 능력과 성령의 충만함이 임해야만 진리에 위배되는 비진리와 육신의 생각을 버리고 하나님 말씀인 진리로 채울 수 있습니다. 또한 기도해야 진리의 사람, 영의 사람이 될 수 있고 영혼이 잘됨 같이 범사가 잘되고 강건한 축복을 받습니다.

하나님께 인정과 사랑을 받은 사람들은 모두 기도하는 사람이었습니다. 사무엘상 12장 23절에서 사무엘 선지자는 '기도하기를 쉬는 죄를 여호와 앞에 결단코 범치 않겠다'고 했습니다. 사람으로서는 할 수 없는 것을 하나님께 받기 위해서는 하나님과 교통해야 합니다. 다니엘이나 베드로, 사도 바울도 기도하는 사람이었고 예수님께서도 새벽 미명에 혹은 밤이 새도록 기도하셨습니다. 땀방울이 핏방울같이 되도록 기도하신 겟세마네 동산의 기도는 유명하지요.

따라서 하나님의 뜻을 좇아 쉬지 말고 기도하되 예수님께서 본을 보이신 것처럼 무릎을 꿇고 마음 중심을 다하여 부르짖는 기도를 해야 합니다. 아무렇게나 앉아서 중언부언하는 기도는 하나님께서 받지 않으십니다. 믿음과 사랑을 가지고 중심의 기도를 할 때 하나님께서는 기쁘게 받고 응답으로 축복하십니다.

3) 응답받을 수 있는 믿음을 가져야

마태복음 8장을 보면 한 백부장이 예수님을 찾아옵니다. 이스라엘이 로마 식민지로 있을 때에 로마 군대의 백부장이라면 오늘날의 고급 장교라 할 수 있는데 그가 예수님을 찾아와 중풍으로 괴로워하는 하인을 고쳐 달라고 간청합니다. 예수님께서는 백부장의 사랑과 믿음을 보고 친히 가서 고쳐 주시려 하였습니다.

그러자 백부장은 "주여 내 집에 들어오심을 나는 감당치 못하겠사오니 다만 말씀으로만 하옵소서 그러면 내 하인이 낫겠삽나이다 나도 남의 수하에 있는 사람이요 내 아래도 군사가 있으니 이더러 가라 하면 가고 저더러 오라 하면 오고 내 종더러 이것을 하라 하면 하나이다"라는 믿음의 고백을 합니다.

예수님께서는 이 백부장의 믿음과 겸손함을 귀히 여기고 "이스라엘 중 아무에게서도 이만한 믿음을 만나보지 못하였노라" 하셨습니다. 누구나 믿음을 사모하지만 이러한 믿음은 그냥 쉽게 생기는 것이 아닙니다. 선한 마음을 이루고 말씀대로 행하는 만큼 하나님께서 주시는 것입니다. 백부장은 마음이 선했기 때문에 예수님에 대한 일을 보고 듣고 그대로 믿었습니다. 이처럼 조금도 의심하지 않고 믿고 행하는 사람은 누구나 하나님께서 칭찬하며 믿음대로 역사해 주십니다.

4) 하나님 앞에 겸비한 자가 되어야

마가복음 7장에 나오는 수로보니게 여인은 귀신 들린 딸을 치료하기 위해 예수님 앞에 겸손한 마음으로 나왔습니다. 딸에게서 귀신을 내쫓아 달라고 간청했을 때 예수님은 "자녀로 먼저 배불리 먹게 할지니 자녀의 떡을 취하여 개들에게 던짐이 마땅치 아니하니라" 하셨지요. 여인은 자신을 개 취급하는 말에도 화를 내거나 감정을 품지 않았습니다.

어찌하든 응답받고자 하는 마음이 가득했으며 진실 자체이신 예수님을 믿었기 때문에 끝까지 부르짖었습니다. 게다가 여인은 "주여 옳소이다마는 상 아래 개들도 아이들의 먹던 부스러기를 먹나이다" 하며 겸손함으로 자신을 낮추었습니다. 결국 예수님께서는 그 믿음과 겸손함에 감동을 받고 "돌아가라 귀신이 네 딸에게서 나갔느니라" 하시며 소원을 들어주셨습니다. 이렇게 하나님 앞에 겸비한 중심을 가지고 간구하는 사람이 되어야 합니다.

5) 믿음으로 심는 자가 되어야

믿음으로 심는 것도 의에 속하며 하나님께서 칭찬하십니다. 만일 부요하기 원한다면 심고 거두는 법칙에 따라 심으면 됩니다. 십일조와 감사예물이 특히 그렇습니다. 자연의 법칙을 보아도 심은 대로 거두지요. 밀을 심으면 밀을, 콩을 심으면 콩을 거두고 적게 심으면 적게, 많이 심으면 많이 거둡니다. 옥토에 심으면 실한 열매를 거두고 열심히 가꾸는 만큼 더 많은 알곡을 거둡니다.

우리가 하나님 앞에 드리는 헌금은 영혼을 구원하고 성전을 건축하며 선교와 구제에 쓰입니다. 그래서 헌금을 통해 하나님께 대한 사랑을 표현할 수 있습니다. 헌금은 하나님 나라와 의를 이루는 데 쓰이므로 하나님께서는 기뻐 받으시고 30배, 60배, 100배로 갚아 주십니다. 창조주 하나님께서 무엇이 부족하여 예물을 드리라고 하시겠습니까? 심은 대로 거둘 수 있도록 축복받을 수 있는 기회를 주시는 것입니다.

고린도후서 9장 6~7절에 "적게 심는 자는 적게 거두고 많이 심는 자는 많이 거둔다 하는 말이로다 각각 그 마음에 정한 대로 할 것이요 인색함으로나 억지로 하지 말지니 하나님은 즐겨 내는 자를 사랑하시느니라" 하신 대로 믿음과 사랑으로 심어야 합니다.

6) 범사에 하나님을 믿고 의뢰해야

다윗은 범사에 하나님을 의뢰했기 때문에 하나님께서 그의 길을 인도하심으로 갖가지 어려움을 피할 수 있었습니다. "이리 하리이까, 저리 하리이까?" 하며 무엇이든 하나님께 구체적으로 여쭈어 보고 행하므로 전쟁에서 승리할 수 있었지요(삼상 23장). 이처럼 하나님께서는 범사에 믿고 의뢰하는 자녀를 더욱 사랑하십니다. 그런데 하나님을 아버지라고 부르면서도 세상이나 자기 지식을 더 의존한다면 하나님께서 도와주실 수 없습니다.

우리가 진리 안에 있는 만큼 하나님을 의뢰하고, 주님께 칭찬받을 수 있습니다. 어떤 일을 행할 때에 하나님께 구하고 참아 기다리며 응답받을 수 있는 지혜를 터득하여 오직 하나님의 인도를 받아야 합니다.

7) 하나님 말씀에 순종해야

하나님께서 우리에게 "안식일을 거룩히 지키라" 하셨으니 주일이 되면 교회에 나와 예배드리고 성도와 교제를 나누며 하루를 거룩하게 보내는 것입니다. 또 "항상 기뻐하라, 범사에 감사하라" 하셨으니 무슨 일을 만나도 기뻐하고 감사할 수 있어야 합니다. 이렇게 하나님 말씀을 명심하여 순종하는 사람은 하나님께서 함께하시는 축복을 받습니다.

예수님의 제자 베드로는 순종함으로 놀라운 일을 보았습니다. 예수님께서 베드로에게 성전세를 내게 하기 위해 "네가 바다에 가서 낚시를 던져 먼저 오르는 고기를 가져 입을 열면 돈 한 세겔을 얻을 것이니 가져다가 나와 너를 위하여 주라"(마 17:27) 하셨습니다. 만일 베드로가 그 말씀을 믿지 못하여 고기를 잡으러 바다에 가지 않았다면 아무런 역사를 보지 못했을 것입니다. 그러나 베드로는 순종하여 바다에 가서 낚시를 던졌고 하나님의 역사를 체험하게 되었지요.

성경에 기록된 모든 믿음의 역사가 그렇습니다. 그런데 하나님께서는 어떤 일을 이루실 때 믿음의 분량에 따라 이끄십니다. 믿음의 분량이 안 되는 사람에게 무조건 순종하라고 무리하게 명하시지 않습니다. 먼저 작은 일에 순종하여 하나님의 역사를 체험케 함으로 더 큰 영적인 믿음을 주시는 것입니다. 그러니 다음엔 그보다 더 큰 일을 명하셔도 순종할 수 있습니다.

정과 욕심을 십자가에 못 박아야

지금까지 우리가 하나님 앞에 옳다 인정받고 칭찬받기 위하여 마땅히 해야 할 일을 살펴보았습니다. 더 나아가 우리가 육적인 정과 욕심을 십자가에 못 박으면 하나님께서 의로 여기고 칭찬하십니다. 그러면 정과 욕심이 왜 죄가 될까요? 갈라디아서 5장 24절을 보면 "그리스도 예수의 사람들은 육체와 함께 그 정과 욕심을 십자가에 못 박았느니라" 하시며 과감히 끊어야 할 것을 알려 주십니다.

'정'이란 서로 마음을 주고받는 것을 말합니다. 깊이 사귈수록 더해가는 친근한 마음입니다. 마음을 주고받는 것은 연인뿐만 아니라 가족, 친구, 이웃 사이에서도 생겨납니다. 그런데 사사로운 정에 치우치면 편협하게 됩니다. 예를 들어, 대다수의 사람들은 이웃의 사소한 잘못은 용서하지 못하면서 자녀의 허물은 쉽게 용서합니다. 이렇게 육적인 정은 나라나 가정, 개인의 의가 설 수 없게 합니다.

'욕심'도 마찬가지이지요. 하나님의 사랑을 받던 다윗도 욕심에 이끌리니 밧세바라는 여인과 동침하고 그 사실을 숨기기 위해 그녀의 남편을 죽음으로 몰아넣는 엄청난 죄까지 짓고 말았습니다. 이처럼 육적인 정과 욕심은 죄를 잉태하여 사망으로 이끌어가며 반드시 죄에 대한 보응을 받게 됩니다.

여호수아 7장을 보면 욕심 때문에 불행한 결과를 가져온 사례가 나옵니다. 이스라엘 백성이 출애굽하여 가나안 땅을 정복하는 과정에서 요단강을 건너고 여리고 성을 함락시키며 승승장구했는데 작은 아이 성을 공격하다가 패배하고 말았습니다. 그 원인을 알아 보니 아간이라는 사람이 여리고 성에서 탈취한 물건 중에 아름다운 외투 한 벌과 은과 금을 탐내 감춘 것이 드러났습니다. 여리고 성에서 탈취한 물건은 어떠한 것도 사사로이 갖지 못하도록 하나님께서 명령하셨는데 불순종한 것입니다.

아간의 범죄로 많은 백성이 희생당해야 했고 결국 아간과 그의 자녀들은 돌에 맞아 죽고 말았습니다. 적은 누룩이 온 덩어리에 퍼지는 것처럼 아간 한 사람 때문에 이스라엘 백성 전체가 잘못될 수 있으니 하나님께서 엄히 징벌하신 것입니다. 혹자는 '외투 하나와 은, 금 때문에 사람을 죽이다니…'라고 생각할 수 있지만 그렇지 않습니다.

만일 농부가 파종한 뒤 잡초를 보고 '한두 개쯤이야…'라며 내버려두었다가는 순식간에 무성해져 좋은 결실을 얻을 수 없는 것과 같습니다. 정과 욕심은 잡초와 같아서 천국 가는 길이나 응답받는 길을 훼방하고 고통스럽게 하는 백해무익한 것이니 십자가에 못 박으라는 것입니다.

반면에 남유다 왕국의 3대 왕인 아사는 정과 욕심을 단호히 끊어 버림으로써 하나님을 기쁘게 했습니다(왕상 15장). 그는 그 조상 다윗처럼 여호와 보시기에 정직하게 행하여 모든 우상을 없앴습니다. 심지어 그의 모친 마아가가 아세라 우상을 만들었을 때에 태후의 직위를 폐하고 우상을 찍어 기드론 시냇가에서 불살라 버렸습니다.

혹여 모친이 우상을 섬긴다 하여 태후의 위를 폐한 것은 자녀 된 도리에 어긋난 일이라 생각할 수도 있습니다. 하지만 그렇게까지 한 데에는 아사 왕이 모친에게 우상을 섬기면 안 된다고 수없이 권면하였으나 듣지 않았기 때문입니다. 영적으로 보면 그녀로 인해 백성 전체가 우상을 섬김으로 하나님의 진노가 임하여 나라가 망할 수도 있습니다. 하나님께서는 이처럼 육적인 정을 끊고 많은 사람이 죄에 빠지지 않게 한 것을 옳다 인정하며 칭찬하시는 것입니다.

물론 아사 왕이 어머니를 버린 것은 아닙니다. 태후로서 직위를 폐하였을 뿐 어머니에게는 자녀의 도리를 좇아 섬겼습니다. 마찬가지로 우리도 우상을 섬기는 부모가 있다면 자녀 된 도리를 잘하여 감동을 드리고 때를 따라 지혜롭게 전도하여 우상을 버리도록 해야 하나님께서 기뻐하십니다.

이 외에도 하나님께서는 온전히 순종하는 것을 칭찬하시며 하나님의 역사를 나타내 주십니다. 하나님께서 인정하시는 순종은 순종할 수 없는 것에도 순종하는 것입니다. 열왕기하 5장에는 아람 왕의 군대장관 나아만에 대한 기록이 있습니다.

나아만 장군은 자신의 문둥병을 고치기 위해 이웃 나라 선지자 엘리사를 찾아갑니다. 왕의 서신과 함께 많은 선물을 가져갔으나 엘리사는 그를 영접하기는커녕 사환을 통해 요단강에 가서 일곱 번 몸을 씻으라는 말만 전합니다. 자존심이 상한 나아만 장군은 그냥 고국으로 돌아가려 했으나 종들의 만류로 자존심을 버리고 순종하여 요단강에 일곱 번 몸을 잠갔습니다. 왕 다음가는 큰 권세가 있는 사람이 그러한 대접을 받고 순종하기는 매우 어려운 일입니다.

엘리사가 그렇게 한 것은 나아만이 순종하여 믿음을 내보일 때 하나님께서 치료해 주실 것을 알았기 때문입니다. 순종을 제사보다 낫게 여기는 하나님께서는 나아만의 믿음의 행함을 기쁘게 받고 문둥병을 깨끗이 치료해 주셨습니다. 하나님께서는 이처럼 순종을 귀하게 여기고 의를 행하는 사람을 기뻐하십니다.

또한 하나님께서는 자신의 유익을 구치 않으며 세상과 타협하지 않는 믿음을 기뻐하십니다. 창세기 23장을 보면 아브라함은 아내 사라의 매장지를 정할 때에 막벨라 굴을 주인이 거저 주고자 했으나 받지 않았습니다. 자기의 유익을 구하는 마음이 없었기 때문에 정당한 가격을 치르고 자기의 소유로 만들었습니다.

또 그는 소돔 성이 전쟁에 패하여 조카 롯이 사로잡혔을 때 조카뿐 아니라 성에 살던 다른 사람들까지 구하고 재물도 되찾아 주었습니다. 소돔 왕이 그에게 사례를 할 때에도 극구 만류하며 어떠한 것도 받지 않았습니다. 마음이 의로우니 다른 사람의 것을 가지려는 욕심 자체가 없었지요.

다니엘 6장을 보면 다니엘은 하나님 앞에 기도하면 자신을 모함한 무리에 의해 죽임당할 줄을 번연히 알면서도 여전히 기도함으로 하나님 앞에 의를 지켰습니다. 생명을 건지기 위해 한순간도 타협하지 않았지요. 그리하여 사자굴에 던져졌는데 조금도 상하지 않고 보호받아 하나님을 증거하며 영광 돌렸습니다.

요셉은 억울한 누명을 쓰고 감옥에 갔을지라도 원망 불평하지 않았습니다(창 39장). 오직 자신을 지키며 비진리와 타협하지 않고 의를 좇으니 하나님의 방법으로 그를 감옥에서 구하여 애굽 총리라는 존귀한 자로 높여 주셨습니다.

우리는 하나님을 섬기되 이제까지 살펴본 바와 같이 마땅히 할 바를 행하며 오직 하나님 앞에 의로운 사람이 되어야 합니다. 또한 주님께서 칭찬하시는 일을 하여 하나님을 기쁘시게 해야 합니다. 그러면 하나님께서 높여 주시고 마음의 소원까지도 응답받으며 형통한 삶을 누리게 됩니다.

아브람과 아브라함의 차이
아브람은 믿음의 조상 아브라함의 본래 이름이다(창 11:26).
아브라함은 하나님이 축복의 언약을 이루시기 위해 '열국의 아비'라는 뜻으로 아브람에게 주신 새로운 이름이다(창 17:5). 그는 믿음의 조상으로서 복의 근원이 되었으며 하나님의 벗이라 불리었다.

넘치는 축복과 30배, 60배, 100배의 축복
우리가 하나님을 믿고 말씀대로 행하는 만큼 하나님의 축복을 받을 수 있다. 죄악을 다 버리기 전에도 믿음으로 심고 구할 때에는 누르고 흔들어 넘치는 축복, 곧 두 배 이상의 축복을 받는다(눅 6:38). 하지만 죄를 피 흘리기까지 싸워 버리고 악은 모양도 버려 성결되어 영으로 들어간 뒤에는 30배 이상, 나아가 온 영이 되었을 때에는 60배, 100배의 축복을 받을 수 있다.

Chapter 10

축 복

여호와께서 아브람에게 이르시되 너는 너의 본토 친척 아비 집을 떠나 내가 네게 지시할 땅으로 가라 내가 너로 큰 민족을 이루고 네게 복을 주어 네 이름을 창대케 하리니 너는 복의 근원이 될지라 너를 축복하는 자에게는 내가 복을 내리고 너를 저주하는 자에게는 내가 저주하리니 땅의 모든 족속이 너를 인하여 복을 얻을 것이니라 하신지라 이에 아브람이 여호와의 말씀을 좇아갔고 롯도 그와 함께 갔으며 아브람이 하란을 떠날 때에 그 나이 칠십오 세였더라 **창세기 12:1~4**

하나님은 사람들에게 축복을 주기 원하는 분이십니다. 그런데 하나님이 친히 선택하여 주시는 경우가 있고, 사람이 스스로 선택하여 축복의 테두리 안에 들어오는 경우가 있습니다. 또한 스스로 선택하여 들어왔다가 다시 나가는 사람이 있고, 아예 축복과 상관없는 사람도 있습니다. 그러면 하나님께서 축복을 주시기 위해 친히 선택하신 경우를 살펴보겠습니다.

❈ 믿음의 조상 아브라함

처음과 나중이며 시작과 끝이신 창조주 하나님께서는 인류 역사의 흐름을 설계하고 이끌어 가십니다. 예를 들어, 집을 짓는다고 생각해 봅시다. 먼저 공사 기간을 계산하고 어떤 자재를 쓸 것인지, 즉 철근과 콘크리트는 얼마나 쓰고, 기둥은 몇 개를 세울 것인지 등을 설계합니다. 이처럼 인류 역사를 하나의 집으로 보았을 때 그 흐름 속에는 기둥에 해당하는 사람들이 있습니다.

하나님께서는 계획하신 섭리를 이루기 위해 각 시대에 합당한 사람을 세워 하나님의 살아 계심과, 천국과 지옥이 있음을 알게 합니다. 그래서 그 기둥에 속한 사람들을 친히 선택하시는데 이러한 사람들은 그 마음 씀씀이나 하나님을 향한 중심이 일반 사람과는 다릅니다. 그중 한 사람이 바로 아브라함입니다.

그는 지금으로부터 약 4천 년 전에 살았던 사람으로서 갈대아 우르 태생입니다. 우르는 메소포타미아 문명의 발상지인 유프라테스 강 하류 서안에 위치한 고대 수메르의 도시입니다.

아브라함은 '하나님의 벗'이라 불릴 정도로 하나님의 사랑과 인정을 받았고 자녀, 물질, 건강, 장수 등 온갖 축복을 다 누렸습니다. 뿐만 아니라 하나님께서는 창세기 18장 17절에 "나의 하려는 것을 아브라함에게 숨기겠느냐" 한 대로 아브라함에게 앞일에 대해서도 밝히 알려 주셨습니다. 하나님께서는 아브라함의 삶을 통해 하나님의 지극한 사랑과 관심이 어떠한지를 깨닫게 해 주십니다. 그리고 모든 사람이 아브라함과 같이 축복받는 사람이 되어 하나님께 영광 돌리기 원하십니다.

❧ 믿음을 의로 여기고 축복하신 하나님

하나님께서 아브라함의 어떤 점을 보고 기뻐하며 축복하셨을까요? 창세기 15장 6절을 보면 "아브람이 여호와를 믿으니 여호와께서 이를 그의 의로 여기시고"라고 했습니다. 그의 믿음을 의로 여기신 것입니다.

하나님께서는 "너는 너의 본토 친척 아비 집을 떠나 내가 네게 지시할 땅으로 가라 내가 너로 큰 민족을 이루고 네게 복을 주어 네 이름을 창대케 하리니 너는 복의 근원이 될지라"(창 12:1~2) 했습니다. 어디로 가야 할지, 가야 할 땅이 어떤 곳인지 설명해 주신 것도 아닙니다. 당장 그곳을 떠나 어떻게 살아가야 할지 구체적인 계획을 주신 것도 아닙니다. 그저 무조건 떠나라고 명하신 것입니다.

아브라함이 육신의 생각을 동원했다면 과연 어떠했을까요? 본토 친척 아비 집을 떠나면 분명 떠도는 신세가 되어 방랑할 것이고, 그러면서 받게 될 멸시 천대를 생각하면 도저히 순종할 수 없습니다. 그러나 아브라함은 하나님께서 주신 축복의 말씀을 조금도 의심하지 않고 온전히 믿어 드렸기에 아무런 조건 없이 순종해서 떠날 수 있었습니다. 이러한 아브라함의 그릇 됨을 아셨기에 그를 통하여 큰 민족을 이루고 복의 근원이 될 것이라고 약속하신 것입니다.

그리고 창세기 12장 3절에는 "너를 축복하는 자에게는 내가 복을 내리고 너를 저주하는 자에게는 내가 저주하리니 땅의 모든 족속이 너를 인하여 복을 얻을 것이니라" 약속하셨습니다. 그 후 아브라함이 조카 롯을 위해 자신의 권리를 포기하고 희생하는 것을 보시고 또다시 축복의 말씀을 주십니다. 창세기 13장 14~16절에 "너는 눈을 들어 너 있는 곳에서 동서남북을 바라보라 보이는 땅을 내가 너와 네 자손에게 주리니 영원히 이르리라 내가 네 자손으로 땅의 티끌 같게 하리니" 하셨지요. 창세기 15장 4~5절에는 "네 몸에서 날 자가 네 후사가 되리라 … 하늘을 우러러 뭇별을 셀 수 있나 보라 또 그에게 이르시되 네 자손이 이와 같으리라" 약속하셨습니다.

꿈과 비전을 주신 하나님께서는 이후 그에게 연단을 허락하십니다. 그러면 연단은 왜 필요합니까? 가령, 어떤 코치나 감독이 국가대표로 대성할 만한 자질을 가진 운동 선수를 발굴했다고 해서 그가 저절로 훌륭한 선수가 되는 것은 아닙니다. 숱한 훈련과정을 거치며 인내와 노력이 요구되는데 그러한 과정을 통하여 꿈을 이루는 것입니다.

아브라함 역시 하나님의 약속을 이루기 위해서는 연단을 통해 합당한 자질을 갖추어야 했습니다. 그래서 그는 연단을 받으면서도 오직 아멘만 하며 자기 생각을 동원하지 않았습니다. 또 자기 유익을 구하지 않았고 욕심이나 미움, 원망 불평과 탄식, 시기 질투도 없었지요. 하나님께서 주신 축복의 말씀을 믿고 인내하며 오직 순종한 것입니다.

그러자 하나님께서 또다시 놀라운 축복의 말씀을 주십니다. 창세기 17장 4~6절에 "내가 너와 내 언약을 세우니 너는 열국의 아비가 될지라 이제 후로는 네 이름을 아브람이라 하지 아니하고 아브라함이라 하리니 이는 내가 너로 열국의 아비가 되게 함이니라 내가 너로 심히 번성케 하리니 나라들이 네게로 좇아 일어나며 열왕이 네게로 좇아 나리라" 했습니다.

✤ 연단을 통해 합당한 그릇을 만드시는 하나님

어떤 사람은 욕심으로 헛된 꿈과 비전을 갖고 하나님께 구합니다. 자신의 분수에 맞지 않게 지나친 욕심 가운데 좋은 직장이나 많은 재물을 달라고 기도하는 것입니다. 이처럼 욕심으로 기도한다면 응답받을 수 없습니다(약 4:3).

그러므로 하나님께서 주시는 참된 꿈과 비전을 갖고 기도해야 합니다. 하나님 말씀에 믿음으로 순종하면 성령께서 마음을 주관하며 이끌어 가시니 꿈을 이룰 수 있습니다. 우리는 한 치 앞을 내다볼 수 없지만 장래 일까지 모두 아시는 성령께서 주관하시는 대로 순종하면 하나님의 역사를 체험합니다. 육신의 생각을 깨뜨리고 그리스도께 복종하면 성령께서 친히 주관하여 이끌어 가십니다.

하나님께서 주신 꿈은 마음에 잘 담아 두어야 하고 하루 또는 한 달, 일 년을 기도했는데도 이루어지지 않는다고 불평하지 말아야 합니다. 꿈과 비전을 주신 하나님께서는 그것을 이루기 위하여 그에 합당한 그릇이 되도록 연단하십니다. 연단받아 순종하는 사람이 되면 응답이 주어집니다. 그런데 하나님 생각과 사람의 생각이 다르므로 육신의 생각을 깨뜨리고 믿음으로 순종할 때까지 연단받는 것을 볼 수 있습니다. 따라서 연단은 응답을 주기 위한 것이니 피하려 하지 말고 감사함으로 받아야 합니다.

🌼 연단 중에도 피할 길을 주시는 하나님

우리가 순종하는 사람이 되면 하나님께서는 연단 중에도 반드시 피할 길을 주며 합력하여 선을 이루십니다. 창세기 12장을 보면 아브라함이 가나안 땅에 들어간 후에 그 땅에 기근이 심하여 애굽, 즉 지금의 이집트로 내려간 일이 나옵니다.

그는 아내 사라가 매우 아름다웠기 때문에 혹시 애굽 사람 중에 사라를 탐내 자기를 죽일지도 모른다고 생각했습니다. 그 당시에는 얼마든지 있을 수 있는 일이기에 아브라함은 사라를 누이라고 소개합니다. 물론 사라는 이복 누이였으니 거짓말을 한 것은 아니지요. 아직 그의 믿음이 하나님을 전폭적으로 의뢰하는 믿음이 아니었기에 육신의 생각을 동원한 것입니다.

사라가 얼마나 아름다웠던지 다른 사람도 아닌 애굽 왕 바로가 그녀를 궁으로 불러들입니다. 아브라함은 아내를 누이라고 소개하는 것이 최선의 방법이라 생각했지만 결국 아내를 빼앗기고 말았던 것입니다. 이 일로 그는 큰 깨우침을 얻었고 이후 하나님께 모든 것을 맡기는 사람이 되었습니다.

결국 하나님께서는 바로와 그 집에 큰 재앙을 내리셨고 혼이 난 바로 왕은 당장 사라를 아브라함에게 돌려보냅니다. 비록 인간적인 방법을 동원하여 잠시 어려움을 겪었지만 아브라함은 해를 받지 않고 오히려 양과 소와 노비와 나귀 등 상당한 재물을 얻었습니다. 로마서 8장 28절에 "우리가 알거니와 하나님을 사랑하는 자 곧 그 뜻대로 부르심을 입은 자들에게는 모든 것이 합력하여 선을 이루느니라" 하신 대로 순종하는 사람에게는 연단 중에도 피할 길을 주며 함께하십니다. 어려움을 당한다 할지라도 결국에는 믿음으로 통과하여 축복받는 것입니다.

만일 하루 벌어서 하루를 먹고 사는 사람이 있다고 합시다. 그가 안식일을 지킨다면 당장 온 가족이 굶어야 합니다. 이러한 상황에서 믿음이 있는 사람이라면 설령 굶는 한이 있어도 하나님 뜻을 따라 안식일을 지킬 것입니다. 그러면 그와 가족이 굶주릴까요? 하나님 말씀에 순종하여 안식일을 지키면 이스라엘 백성에게 만나를 내리시듯 친히 먹이고 입히십니다.

그래서 예수님께서 마태복음 6장 25절에 "목숨을 위하여 무엇을 먹을까 무엇을 마실까 몸을 위하여 무엇을 입을까 염려하지 말라" 하신 것입니다. 공중의 새들은 심지도 않고 거두지도 않으며 창고에 모아들이지도 않습니다. 들의 백합화는 수고나 길쌈도 하지 않습니다. 그러나 하나님께서 먹이고 입혀 주십니다. 하물며 하나님 뜻대로 순종한 사람이 어찌 어려움을 당하도록 하시겠습니까.

❀ 연단 중에도 축복하시는 하나님

하나님 말씀대로 행하며 의를 지킨 사람은 한결같이 어떤 어려움이 닥쳐온다 해도 합력하여 선을 이룬 것을 볼 수 있습니다. 당장 눈앞에 보이는 현실은 어렵고 곤경에 처한 것 같아도 결과적으로 볼 때에는 오히려 축복입니다.

다니엘의 세 친구는 남유다 왕국의 멸망으로 바벨론 제국에 포로로 끌려갔지만 풀무불에 던진다는 위협 앞에서도 우상에게 절하지 않으며 조금도 세상과 타협하지 않았습니다. 하나님의 능력을 믿었기 때문에 풀무불에 들어가더라도 하나님께서 건져내실 수 있다고 믿었습니다. 설령 건져내지 않는다 해도 우상에게 절하지 않겠다는 믿음을 내보였습니다. 나라의 법보다 하나님의 법이 더 중요했기 때문입니다.

이 말을 들은 왕은 크게 노하여 풀무불을 일곱 배나 뜨겁게 하였고, 다니엘의 세 친구는 결박된 채 그 속에 던져졌습니다. 그런데 하나님께서 지키시니 그들은 머리털 하나도 불에 그슬리지 않았고 불 탄 냄새도 없었습니다(단 3:13~27).

다니엘도 마찬가지입니다. 왕 외에 어떠한 사람이나 신에게 기도하면 사자굴에 던진다는 법령이 제정되었는데도 오직 하나님 뜻에 순종하였습니다. 기도 쉬는 죄를 범치 않으며 습관을 좇아 날마다 하루에 세 번씩 예루살렘을 향해 기도하였습니다. 결국 다니엘은 사자굴에 던져졌으나 하나님께서 천사들을 보내 사자 입을 봉하시니 조금도 상하지 않았습니다.

이렇게 세상과 타협하지 않고 믿음을 지키는 것이 얼마나 아름답습니까. 의인은 믿음으로 말미암아 사는 것입니다. 믿음으로 하나님을 기쁘게 하니 축복으로 갚아 주십니다. 설령 벼랑 끝과 같은 막다른 처지에 내몰린다 해도 끝까지 믿음을 내보이며 순종하는 자에게 하나님께서는 피할 길을 어시고 함께해 주십니다.

아브라함 역시 연단 중에도 축복받았을 뿐만 아니라 그와 함께하는 사람들까지 복을 받았습니다. 지금의 이스라엘이 위치한 근동지방은 물이 귀한데 당시에도 가나안 땅에는 물이 매우 귀했습니다. 그러나 그가 가는 곳에는 늘 물이 풍부했으며 동거하던 조카 롯까지 함께 복을 받아 육축과 은금이 많았지요.

당시 육축이 많았다는 것은 풍족한 양식과 부를 의미합니다. 조카 롯이 포로로 잡혀 갔을 때 집에서 길리고 연습한 318명을 이끌고

간 사실만 보아도 얼마나 아브라함이 부유한 사람이었는지 잘 알수 있습니다. 하나님 말씀에 순종하는 아브라함으로 인해 그 땅과지역은 물론, 함께한 사람까지 복을 받은 것입니다.

뿐만 아니라 주변 나라의 왕들이 함부로 하지 못할 정도로 존귀히 여김을 받았으며, 부귀와 명예, 권세, 건강, 자녀 등 이 땅에서 누릴 수 있는 모든 축복을 받았습니다. 신명기 28장에 기록된 대로 들어와도 나가도 복을 받는 사람이 된 것입니다. 이 외에도 하나님의참 자녀로서 복의 근원이요 믿음의 조상이 되었으며, 나아가 하나님마음을 깊이 헤아려 그 마음을 함께 나눌 수 있는 하나님의 벗이 되었으니 얼마나 영광이며 축복입니까?

❧ 축복받은 아브라함의 그릇 됨됨이

이처럼 아브라함이 축복받은 이유는 그릇 됨됨이가 좋았기 때문입니다. 고린도전서 13장에 나오는 영적 사랑이 임하고, 갈라디아서 5장에 나오는 성령의 아홉 가지 열매가 맺힌 사람이었습니다.

예를 들어, 그는 모든 일을 선과 사랑으로 행했습니다. 누구를 미워하거나 원수 맺지 않았고, 상대의 허물을 드러내지도 않았으며, 모든 사람을 섬겼습니다. 또한 희락의 열매가 맺혀 있으므로 어떤 연단이 와도 슬퍼하거나 노여워하지 않았습니다. 하나님을 온전히 신뢰하였기 때문에 항상 기뻐할 수 있었지요. 어떠한 일에도 감정적이거나 편벽한 처리를 하지 않고 오래 참으며 하나님의 음성을 듣는 사람이었습니다.

또한 아브라함은 자비로운 사람이었습니다. 조카 롯과 서로 동거할 수 없게 되었을 때 자신이 윗사람이지만 롯에게 선택권을 주었습니다. "네가 좌하면 나는 우하고 네가 우하면 나는 좌하리라" 하여 좋은 땅을 선택할 수 있도록 양보한 것입니다. 대부분의 사람은 윗사람이 당연히 좋은 것을 선택해야 한다고 생각할 것입니다. 그러나 그는 양보하며 베푸는 자비의 사람이었습니다.

또한 그는 양선의 마음을 이루었기 때문에 조카 롯이 소돔 땅과 함께 멸망당할 위기에 놓이자 그들을 대신하여 하나님께 간구하였습니다(창 18:22~32). 그 결과 의인 열 명만 있어도 성을 멸하지 않겠다는 하나님의 약속을 받았지요. 하지만 소돔과 고모라 성은 의인 열 명이 없어 결국 멸망당합니다. 이때에도 하나님께서는 아브라함을 생각하셔서 롯을 구해 주십니다.

창세기 19장 29절에 "하나님이 들의 성들을 멸하실 때 곧 롯의 거하는 성을 엎으실 때에 아브라함을 생각하사 롯을 그 엎으시는 중에서 내어 보내셨더라" 하신 대로 아브라함의 마음이 아프지 않도록 사랑하는 조카 롯을 구해 주신 것입니다.

그리고 아브라함은 백 세에 얻은 독자 이삭을 하나님께 순종하여 바칠 정도로 충성했으며, 아들을 가르치는 것이나 종들과 이웃과의 관계에서도 흠이 없을 만큼 온 집에 충성한 사람입니다. 누구와도 부딪침이 없이 화평하고 온유했으며, 사람을 구제하거나 접대하는 일을 얼마나 아름다운 마음으로 했는지 성경에 잘 나와 있습니다. 게다가 모든 일에 절제할 줄 알았기에 어떠한 경우에도 경거망동하거나 지나치게 벗어나는 일이 없었습니다.

이렇게 아브라함은 성령의 아홉 가지 열매를 온전히 맺고 조금도 부족하지 않은 좋은 마음 그릇을 가진 사람이었습니다. 아브라함과 같이 축복받는 사람이 되는 것은 결코 어려운 일이 아닙니다. 아브라함을 닮아가면 되지요. 창조주 하나님이 우리의 아버지가 되시니 어찌 자녀들의 간구와 기도에 응답하지 않겠습니까.

내 생각이 앞서니 힘든 것이지 하나님 앞에 전폭적으로 맡기고 의뢰하며 순종한다면 조금도 힘들지 않고 아브라함과 함께하신 하나님께서 책임지고 복된 길로 인도하십니다.

아브라함의 이동 경로

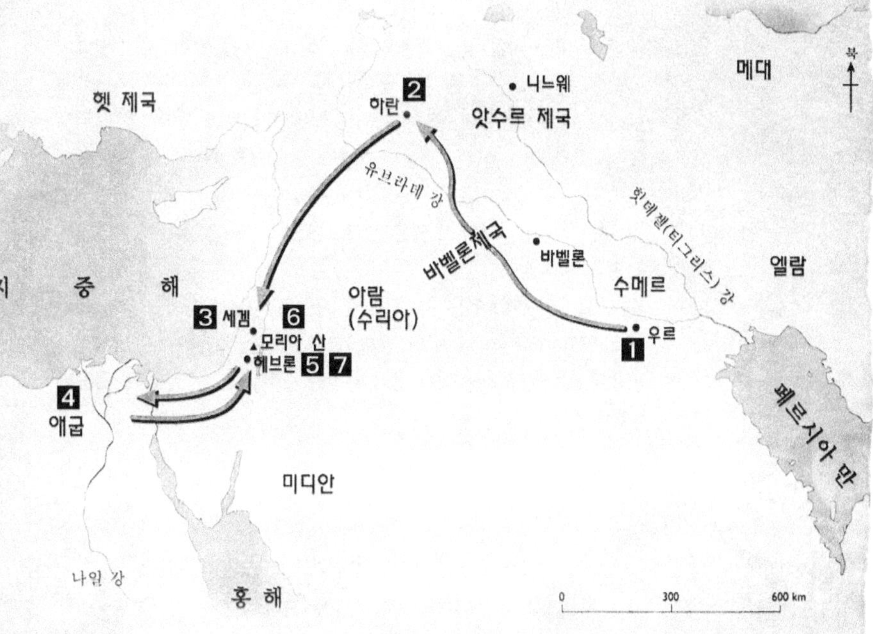

1 아브라함이 우르에서 태어남(창 11:27~28)
2 아브라함의 가족이 하란으로 이주함(창 11:31)
3 가나안 땅에 도착하여 여호와를 위해 단을 쌓음(창 12:5~7)
4 아브라함이 애굽으로 내려감(창 12:10)
5 헤브론 마므레 상수리 수풀에서 여호와를 위해 단을 쌓음(창 13:18)
6 모리아 산에서 이삭을 제물로 바침(창 22:1~19)
7 아브라함과 사라가 죽어 헤브론에 장사됨(창 23:1~20, 25:7~10)

의인 노아의 순종과 축복

창 6:9~10 "노아의 사적은 이러하니라 노아는 의인이요 당세에 완전한 자라 그가 하나님과 동행하였으며 그가 세 아들을 낳았으니 셈과 함과 야벳이라"

첫 사람 아담이 오랜 세월 동안 에덴동산에서 살다가 죄를 범한 후 이 땅에서 살기 시작한 지 약 1,000년 가량 지났을 때, 하나님을 경외한 셋의 후예로서 노아가 탄생한다. 에녹의 후손이기도 한 노아는 아버지 라멕과 할아버지 므두셀라의 가르침으로 죄악이 관영한 세상 속에서도 진리 안에 성장한다. 그래서 자신의 모든 것을 하나님 앞에 드리기 원하여 마음을 지키며 결혼하지 않고 살다가 자신을 향한 하나님의 섭리가 있음을 알고 오백 세가 다 된 나이에 결혼하여 자녀를 낳게 된다(창 5:32).

노아는 장차 홍수 심판이 있을 것과 그 후 자신을 통해 새롭게 인간 경작이 시작될 것을 알고 하나님의 뜻에 따라 자신의 삶을 헌신하였다. 하나님께서는 어떠한 생각이나 이유, 변명을 대지 않고 온전히 순종할 수 있는 의인 노아를 택하여 방주를 짓게 하셨다.

노아의 방주에 담긴 영적 의미

창 6:14~16 "너는 잣나무로 너를 위하여 방주를 짓되 그 안에 간들을 막고 역청으로 그 안팎에 칠하라 그 방주의 제도는 이러하니 장이 삼백 규빗, 광이 오십 규빗, 고가 삼십 규빗이며 거기 창을 내되 위에서부터 한 규빗에 내고 그 문은 옆으로 내고 상중하 삼층으로 할지니라"

노아의 방주는 길이 138미터, 폭 23미터, 높이 14미터 정도의 거대한 규모로 지금부터 4,500여 년 전에 만들어졌다. 에덴동산 사람들의 영향으로 인해 당시의 기술이나 지식이 뛰어난 점도 있지만 하나님께서 친히 명하신 대로 설계되었기에 노아의 여덟 식구와 수많은 종류의 동물이 40일간의 홍수를 견뎌내고 1년 이상 방주생활을 할 수 있었다.

방주는 영적으로 하나님 말씀을 뜻하며, 방주 안에 들어간다는 것 자체가 구원을 의미한다. 방주가 삼 층으로 된 것은 인간 경작의 역사가 성부, 성자, 성령 삼위일체 하나님을 통해 완성될 것을 나타낸다.

노아의 방주가 머문 곳, 아라랏 산

하나님의 공의 가운데 이루어진 홍수 심판

창 7:1~5 "여호와께서 노아에게 이르시되 너와 네 온 집은 방주로 들어가라 … 지금부터 칠 일이면 내가 사십 주야를 땅에 비를 내려 나의 지은 모든 생물을 지면에서 쓸어버리리라 노아가 여호와께서 자기에게 명하신 대로 다 준행하였더라"

하나님께서는 홍수가 나기 전에 여러 차례 회개의 기회를 주셨다. 방주가 완성되기까지 오랜 세월 동안 노아를 통해 외치고 또 외치게 하셨지만 노아의 말을 믿고 순종한 것은 단지 그의 가족뿐이었다. 방주 안에 들어간다는 것은 곧 세상에서 취했던 모든 것을 뒤로 하고 버리는 것을 의미한다.

이미 심판을 돌이킬 수 있는 한계선을 넘어섰는데도 다시 한 번 하나님께서는 칠 일이라는 시간을 주면서까지 돌이켜 심판에 이르지 않기를 원하셨다. 사랑과 긍휼의 마음으로 마지막까지 기회를 주신 것이다. 하지만 누구 하나 회개하고 방주에 들어오지 않고 악을 더하므로 결국 홍수 심판에 이르고 말았다.

심판에 대하여...

Concerning Judgment...

심판에 대하여라 함은 이 세상 임금이 심판을 받았음이니라 요

16:11

시편 7:8   여호와께서 만민에게 심판을 행하시오니 여호와여 나의 의와 내게 있는 성실함을 따라 나를 판단하소서

예레미야 2:35   그러나 너는 말하기를 나는 무죄하니 그 진노가 참으로 내게서 떠났다 하거니와 보라 네 말이 나는 죄를 범치 아니하였다 함을 인하여 내가 너를 심판하리라

마태복음 5:22   나는 너희에게 이르노니 형제에게 노하는 자마다 심판을 받게 되고 형제를 대하여 라가라 하는 자는 공회에 잡히게 되고 미련한 놈이라 하는 자는 지옥 불에 들어가게 되리라

요한복음 5:29   선한 일을 행한 자는 생명의 부활로 악한 일을 행한 자는 심판의 부활로 나오리라

히브리서 9:27   한 번 죽는 것은 사람에게 정하신 것이요 그 후에는 심판이 있으리니

야고보서 2:13   긍휼을 행하지 아니하는 자에게는 긍휼 없는 심판이 있으리라 긍휼은 심판을 이기고 자랑하느니라

요한계시록 20:12   또 내가 보니 죽은 자들이 무론 대소하고 그 보좌 앞에 섰는데 책들이 펴 있고 또 다른 책이 펴졌으니 곧 생명책이라 죽은 자들이 자기 행위를 따라 책들에 기록된 대로 심판을 받으니

Chapter 11

하나님을 거역한 죄

아담에게 이르시되 네가 네 아내의 말을 듣고 내가 너더러 먹지 말라 한 나무 실과를 먹었은즉 땅은 너로 인하여 저주를 받고 너는 종신토록 수고하여야 그 소산을 먹으리라 땅이 네게 가시덤불과 엉겅퀴를 낼 것이라 너의 먹을 것은 밭의 채소인즉 네가 얼굴에 땀이 흘러야 식물을 먹고 필경은 흙으로 돌아가리니 그 속에서 네가 취함을 입었음이라 너는 흙이니 흙으로 돌아갈 것이니라 하시니라 **창세기 3:17~19**

많은 사람이 인생은 그 자체가 고난이라고 말합니다. 성경에도 이 땅에 태어나 살아가는 것이 고생이라는 표현이 나옵니다. 욥기 5장 7절을 보면 엘리바스라는 사람이 고난받는 욥에게 "인생은 고난을 위하여 났나니 불티가 위로 날음 같으니라" 말합니다. 가진 것이 없는 사람은 먹고 사느라 고생하고, 물질적으로 풍요로운 사람은 또 다른 인생의 문제로 고생하며 살기 때문입니다. 목표를 향하여 힘쓰

고 애쓰며 수고하여 어느 정도 이루었나 싶으면 어느덧 인생의 황혼
이 찾아옵니다. 마냥 건강할 것 같던 사람도 때가 되면 죽음을 맞습
니다.

어느 누구도 죽음을 피할 수 없으니 어떻게 보면 인생은 덧없이
사라지는 안개나 뜬구름과 같습니다. 이처럼 사람들이 인생의 수레
바퀴 속에서 갖가지 어려움을 겪으며 살아가는 이유는 무엇일까요?
그 근본 원인은 바로 하나님을 거역한 죄 때문입니다. 하나님 말씀
에 불순종한 아담과 사울, 가인을 통해 하나님을 거역한 죄로 인한
결과가 어떠한지 구체적으로 살펴보겠습니다.

❧ 하나님의 형상대로 지음받은 아담

창조주 하나님께서 자신의 형상을 따라 첫 사람 아담을 지으시고
생기를 그 코에 불어넣어 생령이 되게 하셨습니다(창 2:7). 동방의 에
덴에 동산을 창설하여 사람을 거기에 두고 "동산 각종 나무의 실과
는 네가 임의로 먹되 선악을 알게 하는 나무의 실과는 먹지 말라 네
가 먹는 날에는 정녕 죽으리라" 명하십니다(창 2:16~17).

또한 아담의 독처하는 것이 좋지 못함을 보고 그 갈빗대 하나를
취하여 여자를 만드셨지요. 하나님께서는 그들에게 복을 주시며 생
육하고 번성하여 바다의 고기와 공중의 새와 땅에 움직이는 모든
생물을 다스리게 하셨습니다(창 1:28). 이처럼 하나님의 축복을 받은
아담과 하와는 에덴동산에서 마음껏 먹고 자손을 낳으며 풍족하게

살았습니다.

처음에 아담은 갓 태어난 아이처럼 아무것도 입력된 것이 없는 완전 무 상태였습니다. 그러나 하나님께서 동행하며 만물의 영장으로서 살아갈 수 있도록 많은 지식을 가르쳐 주셨습니다. 하나님 자신과 우주 만물, 영계의 법칙 등에 대해 가르치셨지요. 또 영의 사람으로서 살아가는 방법을 비롯하여 선과 진리의 지식을 가르치셨고 아담은 그 말씀에 순종하며 오랜 세월을 에덴동산에서 살았습니다.

❀ 하나님께서 금하신 선악과를 먹은 아담

그러던 어느 날, 공중 권세를 잡고 있던 원수 마귀 사단이 에덴동산에 있는 들짐승 중 가장 간교한 뱀을 사주하여 하와를 유혹하였습니다. 사단의 사주를 받은 뱀은 하나님께서 동산 중앙에 있는 선악과만은 따먹지 밀라고 하신 것을 알고 있었습니다. 그린데도 하와를 유혹하고자 일부러 질문을 던집니다. "하나님이 참으로 너희더러 동산 모든 나무의 실과를 먹지 말라 하시더냐?" 하고 말입니다.

이때 하와는 어떻게 대답했을까요? "동산 나무의 실과를 우리가 먹을 수 있으나 동산 중앙에 있는 나무의 실과는 하나님의 말씀에 너희는 먹지도 말고 만지지도 말라 너희가 죽을까 하노라 하셨느니라" 했지요(창 3:2~3). 하나님께서는 분명히 "먹는 날에는 정녕 죽으리라" 하셨는데 하와는 하나님 말씀을 변질시켜 "죽을까 하노라" 하셨다고 말합니다. 죽을지 살지 두고 봐야 알겠다는 식의 답변을

한 것입니다. 이것은 하나님 말씀을 명심하지 못한 증거이고, 죽는다는 것을 분명히 믿지 못하는 의심의 증거이지요.

뱀은 이 틈을 놓치지 않고 파고들었습니다. "너희가 결코 죽지 아니하리라 너희가 그것을 먹는 날에는 너희 눈이 밝아 하나님과 같이 되어 선악을 알 줄을 하나님이 아심이니라"(창 3:4~5) 하며 거짓말을 하는 것은 물론, 욕심까지 불어넣습니다. 뱀이 생각을 통해 욕심을 불어넣으니, 예전에는 선악을 알게 하는 나무 근처에 가고 싶지도, 만지고 싶지도 않았는데 이제는 먹음직도 하고 보암직도 하고 지혜롭게 할 만큼 탐스러운 나무로 보였습니다. 마침내 하와는 하나님께서 금하신 선악과를 따먹고 자기와 함께한 남편에게도 먹게 하였습니다.

🌸 아담이 하나님을 거역한 죄의 결과

이렇게 하여 인류의 시조인 아담은 하나님의 명령을 어기고 만 것입니다. 하나님 말씀을 명심하지 못하니 원수 마귀 사단의 유혹을 받고 결국 하나님을 거역하며 불순종의 죄를 범하고 말았습니다. 하나님께서 금하신 선악과를 따먹은 아담과 하와는 하나님 말씀대로 정녕 죽게 되었습니다.

그런데 성경을 보면 아담과 하와는 곧바로 죽은 것이 아니라 오랜 세월 살면서 자녀를 낳았음을 알 수 있습니다. 따라서 하나님께서 "정녕 죽으리라" 하신 것은 단순히 호흡이 끊어지는 육체의 죽음이 아니라 근본적인 죽음, 곧 사람의 영이 죽는 것을 말합니다. 원래 사람은 하나님과 교통할 수 있는 영과, 영의 지배를 받는 혼, 그리고 영과 혼의 장막인 육으로 창조되었는데(살전 5:23) 하나님 명령을 어기니 주인인 영이 죽었다는 것이지요.

하나님을 거역한 죄 때문에 영이 죽으니 하나님과 교통이 끊어져 더 이상 에덴동산에서 살 수 없게 되었습니다. 죄인은 하나님과 함께할 수 없기 때문입니다. 이때부터 인류의 고난이 시작되었는데 여자는 잉태하는 고통이 크게 더하여 수고하며 자녀를 낳고, 또 남편을 사모하며 그 다스림을 받아야 했습니다. 그리고 남자는 저주받은 땅에서 평생토록 수고하여야 소산을 먹을 수 있게 되었습니다(창 3:16~17). 만물도 저주를 받아 함께 고통을 당하게 되었지요. 그뿐만 아니라 아담의 혈통을 이어받은 모든 사람이 죄인으로 태어나 사망의 길로 가게 되었습니다.

🌸 하나님께서 선악과를 두신 이유

더러는 "전지전능하신 하나님께서 아담이 선악과를 먹을 줄 모르셨을까? 아셨다면 왜 선악과를 두어 불순종하게 하셨을까? 선악과가 없었다면 불순종하지 않았을 것이 아닌가?" 하는 의문을 갖습니다. 만약 하나님께서 선악과를 두지 않았다면 아담과 하와가 에덴동산에서 감사와 기쁨, 행복과 사랑을 느끼며 살았을까요? 하나님께서 선악과를 두신 것은 우리를 멸망의 길로 가게 하기 위해서가 아닙니다. 바로 상대성을 알게 하시려는 하나님의 섭리입니다.

에덴동산에는 오직 진리에 속한 것만 있기 때문에 반대되는 비진리가 무엇인지 알 수 없었습니다. 악이 존재하지 않으니 미움, 고통, 질병, 사망을 알지 못합니다. 상대적으로 에덴동산에서의 삶이 얼마나 행복한지도 알 수 없습니다. 불행을 겪어보지 않았으니 무엇이 행복인지, 불행인지 느낄 수 없지요. 그렇기 때문에 선악과가 필요했던 것입니다.

하나님께서는 진정한 사랑과 행복을 아는 참 자녀를 원하셨습니다. 첫 사람 아담이 에덴동산에서 참 행복을 알았다면 어찌 하나님께 불순종했겠습니까? 그러므로 선악과를 두시고 상대성을 알게 하시며 이 땅에서 인간을 경작하시는 것입니다. 경작을 통해 사람들이 희로애락을 체험하며 상대성을 깨달아야 마음 중심에서 하나님을 사랑할 수 있기 때문입니다.

🌼 죄로 인한 저주에서 벗어나는 길

아담이 에덴동산에서 살 때에는 하나님께 순종하며 선에 대하여 배웠지만 불순종한 뒤 그의 후손들은 원수 마귀의 종이 되어 점점 악으로 물들었습니다. 세월이 흐르면 흐를수록 더욱 악해졌지요. 이미 부모로부터 이어진 죄성을 갖고 태어날 뿐 아니라 성장하면서 보고 듣고 가르침 받는 가운데 악이 입력되기 때문입니다. 하나님께서는 아담이 선악과를 따먹을 것도, 이 땅에 죄가 가득 찰 것도, 인간이 사망의 길로 갈 것도 아셨습니다. 그래서 만세 전에 구세주 예수 그리스도를 예비하시고 때가 되자 이 땅에 보내신 것입니다.

예수님께서는 하나님의 뜻을 전하기 위하여 천국 복음을 전파하며 기사와 표적을 나타냈습니다. 십자가에 달려 보혈을 흘리심으로 모든 인류의 죄를 대속해 주셨지요. 누구든지 예수 그리스도를 영접하면 성령을 선물로 받습니다. 그래서 성령의 소욕을 좇아 비진리를 버리고 진리대로 살아감으로 구원받을 수 있는 길이 열린 것입니다. 그리하여 잃었던 하나님 형상을 회복하고 사람의 본분을 지켜 하나님을 경외하며 그 명령을 지키면(전 12:13) 하나님께서 예비하신 모든 축복을 누릴 수 있습니다. 부요와 건강은 물론 영원한 생명을 얻으며 영생복락을 누릴 수 있습니다.

이처럼 빛 가운데로 나올 때 죄로 인한 저주의 올무에서 벗어나는 것입니다. 회개하고 통회자복하여 마음에서 죄를 비렸을 때, 하나님 말씀대로 살겠다고 각오했을 때 얼마나 마음이 평안합니까? 말씀을 믿고 기도받을 때 질병의 고통과 시험 환난에서 해방되는 것을 볼 수 있습니다. 하나님께서는 예수 그리스도를 영접하고 의 가운데 나오는 자녀들을 기뻐하시며 모든 저주에서 풀어 주십니다.

🌼 사울이 하나님을 거역한 죄의 결과

사울은 왕을 세워 달라는 백성의 요구에 의해 이스라엘 초대 왕이 되었습니다. 그는 베냐민 지파로서 이스라엘 자손 중에 그보다 더

준수한 사람이 없었고 왕으로 기름부음을 받을 때에는 스스로 작게 여기는 겸손한 사람이었습니다. 그런데 왕이 된 후에는 점점 하나님 말씀을 어기고 제사장의 직무를 침해하며 망령되이 행하더니(삼상 13:8~13) 불순종의 죄를 범하고 말았습니다.

사무엘상 15장을 보면 하나님께서 사울에게 아말렉을 진멸하라 하셨는데 그리하지 않은 것입니다. 하나님께서 아말렉을 진멸하라고 하신 것은 출애굽기 17장에 나오듯이 애굽에서 나온 이스라엘 백성이 가나안 땅을 향해 가고 있을 때에 아말렉이 싸움을 걸어 온 역사가 있기 때문입니다.

이러한 이유로 하나님께서는 아말렉을 지워 버려 천하에서 기억함이 없게 하리라 약속하셨고(출 17:14), 식언치 않으시니 수백 년이 지난 사울 시대에 그 약속을 이루고자 하셨습니다. 선지자 사무엘을 통해 "아말렉을 쳐서 그들의 모든 소유를 남기지 말고 진멸하되 남녀와 소아와 젖 먹는 아이와 우양과 약대와 나귀를 죽이라" 명했습니다.

그러나 사울 왕은 하나님 말씀을 거역하고 아말렉 왕 아각을 포로로 사로잡고 기름지고 좋은 양과 소를 끌고 돌아옵니다. 자신의 공적을 백성에게 보여 칭송받기 원했던 것입니다. 이렇게 사울은 자기 생각에 옳은 대로 행하며 하나님 말씀에 불순종했습니다. 선지자 사무엘이 깨달을 수 있도록 권면하지만 그는 여전히 회개하지 않고 변명만 늘어놓았지요(삼상 15:17~21). 백성이 좋은 양과 소로 하나님께 제사드리려고 했다는 것입니다.

하나님께서는 불순종하는 죄를 무엇이라 하셨을까요? 사무엘상 15장 22~23절에 "순종이 제사보다 낫고 듣는 것이 수양의 기름보다 나으니 이는 거역하는 것은 사술의 죄와 같고 완고한 것은 사신 우상에게 절하는 죄와 같음이라" 했습니다. 즉 사술과 우상 숭배하는 죄와 같다는 것입니다. 사술이란 요사스러운 술법으로서 하나님의 심판을 면할 수 없는 중죄이며 우상 숭배는 하나님께서 가증스럽게 여기는 죄이지요.

결국 사무엘 선지자는 "왕이 여호와의 말씀을 버렸으므로 여호와께서도 왕을 버려 왕이 되지 못하게 하셨나이다" 하면서 엄히 책망합니다(삼상 15:23). 그런데도 사울은 끝내 회개하지 않고 오히려 자신의 체면을 유지하기 위해 백성 앞에서 높여 달라고 사정합니다(삼상 15:30). 하나님께 버림받는 것처럼 무섭고 슬픈 일이 어디 있겠습니까? 이는 사울뿐 아니라 오늘날 우리에게도 해당됩니다. 우리 역시 하나님 말씀을 거역하면 그러한 죄과에서 벗어나지 못합니다. 국가나 가정에서도 마찬가지입니다.

예를 들어, 신하가 왕을 거역하며 자기 마음대로 행한다면 죄에 대한 대가를 치를 수밖에 없습니다. 가정에서도 자녀가 부모의 말을 듣지 않고 빗나간다면 부모의 마음이 얼마나 아프겠습니까? 이렇게 거역하는 일을 통해 화평이 깨지니 고통이 따릅니다. 사울도 하나님을 거역한 결과 명예와 권세를 잃었을 뿐 아니라 악신에게 시달리며 끝내 전쟁터에서 목숨을 잃는 비참한 말로를 걸어야 했습니다.

❧ 가인이 하나님을 거역한 죄의 결과

창세기 4장을 보면 아담의 아들인 가인과 아벨이 나옵니다. 가인은 농사 짓고 아벨은 양을 치던 사람입니다. 세월이 지난 후에 가인은 땅의 소산으로 하나님께 제사를 드렸고 아벨은 양의 첫 새끼와 기름으로 제물을 드렸습니다. 하나님께서는 아벨과 그 제물은 기쁘게 받으셨지만 가인과 그 제물은 받지 않았습니다.

하나님께서는 아담이 에덴동산에서 쫓겨날 때 짐승을 잡아 피의 제사를 드려야 죄가 씻긴다는 것을 알려 주셨습니다(히 9:22). 아담은 아들들에게 피의 제사법에 대해 누누이 가르쳤고 가인과 아벨은 하나님께서 원하시는 제사에 대해 잘 알고 있었습니다. 아벨은 마음이 선했기 때문에 배운 대로 순종하여 하나님께서 원하시는 제사를 드렸으나 가인은 자기 생각 속에서 편리를 좇아 제사를 드렸습니다. 그래서 하나님께서 아벨의 제사는 받고 가인의 제사는 받지 않으신 것입니다.

오늘날에도 마찬가지입니다. 하나님께서는 우리가 마음과 뜻과 정성을 다하여 신령과 진정으로 드리는 예배를 기뻐받으십니다. 그러나 내 마음대로 예배드리고 내 유익에 맞추어 신앙생활하는 것은 하나님과 상관이 없습니다.

창세기 4장 7절을 보면 하나님께서는 가인에게 "네가 선을 행하면 어찌 낯을 들지 못하겠느냐 선을 행치 아니하면 죄가 문에 엎드리느니라 죄의 소원은 네게 있으나 너는 죄를 다스릴지니라" 하시며 죄를 범하지 않도록 깨우쳐 주십니다. 하지만 가인은 죄를 다스리지 못하고 결국 동생을 죽였습니다.

만약 가인이 선했다면 돌이켜 아벨과 같이 하나님 뜻에 합당한 제사를 드렸을 것이고 아무 문제가 없었겠지요. 그러나 악하여 하나님 뜻을 거역하니 투기와 살인 등 육체의 일을 낳고, 심판의 결과로 그에게 저주가 임했습니다. 하나님께서 가인에게 "네가 땅에서 저주를 받으리니 네가 밭 갈아도 땅이 다시는 그 효력을 네게 주지 아니할 것이요 너는 땅에서 피하며 유리하는 자가 되리라" 하신 대로 쫓기는 신세가 되었습니다(창 4:11~12).

지금까지 첫 사람 아담, 사울 왕과 가인을 통하여 하나님을 거역하는 것이 얼마나 큰 죄이며 그 결과 얼마나 많은 시험 환난이 따르는지 깨달았을 것입니다. 하나님을 믿는 사람이 말씀을 알면서도 불순종하고 거역하는 것은 하나님을 대적하는 것과 같습니다. 믿음이 있는 사람이 형통하지 못한 것은 이러한 죄가 있기 때문입니다.

그러므로 하나님과의 사이에 막힌 죄의 담을 헐어야 합니다. 죄로 인해 고난 가운데 사는 인류에게 참 생명을 주기 위해 예수 그리스도를 보내 진리의 말씀을 주셨는데 그것을 따르지 않는다면 그 결과는 사망입니다.

우리는 구원과 영생, 응답과 축복의 길로 인도하시는 주님의 가르침을 따라 살아야 합니다. 불순종의 죄를 범하는 일이 없도록 항상 자신을 돌아보며 죄를 발견하여 회개하고 말씀에 순종하여 온전한 구원에 이르러야 하겠습니다.

Chapter 12

지면에서 쓸어버리리라

여호와께서 사람의 죄악이 세상에 관영함
과 그 마음의 생각의 모든 계획이 항상 악
할 뿐임을 보시고 땅 위에 사람 지으셨음
을 한탄하사 마음에 근심하시고 가라사대
나의 창조한 사람을 내가 지면에서 쓸어버
리되 사람으로부터 육축과 기는 것과 공중
의 새까지 그리하리니 이는 내가 그것을 지
었음을 한반함이니라 하시니라 그러나 노
아는 여호와께 은혜를 입었더라 노아의 사
적은 이러하니라 노아는 의인이요 당세에
완전한 자라 그가 하나님과 동행하였으며
창세기 6:5~9

성경을 보면 사람의 죄악이 얼마나 컸던지 노아 시대에 하나님께서
땅 위에 사람 지으셨음을 한탄하며 물로 심판하여 지면에서 쓸어버
릴 것을 선포하셨습니다. 사람을 창조하고 동행하며 지극한 사랑
을 베푸신 하나님께서 왜 이런 심판을 하실 수밖에 없었을까요? 하
나님의 심판이 임하는 이유와 어떻게 하면 심판을 면하고 축복받을

수 있는지 살펴보겠습니다.

❧ 선한 사람과 악한 사람의 차이

사람을 대하다 보면 선하거나 악하다고 느껴지는 사람이 있습니다. 대체로 좋은 환경 속에서 바른 가르침을 받아 큰 어려움 없이 성장한 사람은 성품이 부드럽고 선한 반면에 불우한 환경 가운데 악한 것, 진리에 위배된 것을 많이 보고 배운 사람은 성품이 비뚤어지거나 악을 행하는 일이 많습니다. 물론 환경이 좋아도 잘못되는 사람이 있고, 반대로 열악한 환경을 극복하고 바르게 사는 사람도 있습니다. 그런데 좋은 환경 속에서 훌륭한 가르침을 받으며, 또 스스로 노력하여 선하게만 성장한 사람이 얼마나 되겠습니까.

선한 사람의 예를 든다면, 예수님을 잉태했던 동정녀 마리아와 그의 남편인 요셉이 있습니다. 자신과 정혼한 마리아가 동침하지 않은 상태에서 잉태한 사실을 알고 어떻게 하였습니까? 당시 율법대로라면 간음한 사람은 돌로 쳐 죽여야 합니다. 그러나 그는 드러내 알리지 않고 가만히 끊고자 했습니다. 참으로 선한 마음이지요.

반면에 악한 사람의 예로는 압살롬을 들 수 있습니다. 다윗의 아들인 압살롬은 이복 형이 자기의 누이를 범하자 마음속으로 복수를 다짐합니다. 결국 기회를 엿보다가 이복 형 암논을 죽인 뒤 아버지 다윗에게까지 감정을 품고 반역을 일으키는 등 큰 악을 행합니다. 그 결과 비참한 최후를 맞습니다.

그래서 마태복음 12장 35절에 "선한 사람은 그 쌓은 선에서 선한 것을 내고 악한 사람은 그 쌓은 악에서 악한 것을 내느니라" 말씀합니다. 많은 사람이 성장하면서 자신의 의사와 상관없이 악이 심어지게 마련입니다. 예전에는 드물게라도 나라와 백성을 위해 자신을 희생하는 분들이 있었지만 오늘날에는 그러한 사람을 찾기가 어렵습니다. 대다수가 악에 물들어가면서도 악인지조차 모르고 자신이 옳다고 여기며 살아갑니다.

❀ 왜 하나님의 심판이 임하는가

성경의 기록이나 세계사를 보아도 알 수 있듯이 시대를 막론하고 죄악이 가득하여 그 정도를 넘어서면 하나님의 엄중한 심판이 임했습니다. 이때 하나님의 심판은 크게 세 가지로 나눌 수 있습니다.

하나님을 믿지 않는 사람들 가운데 국가적으로 임하는 경우와 개인적으로 임하는 경우, 또 하나님의 백성에게 임하는 경우가 있습니다. 나라 전체가 사람의 도리에서 어긋나는 큰 죄악을 범했을 때 국가적으로 큰 환난 가운데 빠지고, 개인이 심판받을 만한 잘못을 범했을 때에는 하나님께서 그를 멸하십니다. 그리고 하나님을 믿는 백성이 잘못 행했을 때에는 징계를 받습니다. 사랑하시기 때문에 깨닫고 돌이키게 하기 위하여 시험 환난을 허락하는 것이지요.

하나님께서는 창조주로서 세상 모든 사람을 주관하실 뿐만 아니라 심판주로서 심은 대로 거두게 하십니다. 또한 하나님을 믿지 않는 경우에도 선한 마음으로 신을 찾거나 의롭게 살고자 하는 사람들에게는 꿈으로 하나님의 살아 계심을 알려 주셨지요.

바벨론 제국의 느부갓네살 왕은 하나님을 믿는 사람이 아닌데도 그에게 장래 일을 꿈으로 보여 주셨습니다. 그는 하나님을 알지 못했지만 포로 중에서 인재들을 뽑아 바벨론 문물을 가르친 후 요직에 기용할 정도로 선정을 베풀고 마음 한 편에서 신을 인정했기 때문입니다. 이렇게 하나님께서는 믿음이 없어도 바른 마음을 가진 사람에게는 살아 계심을 알리며 행한 대로 갚아 주십니다.

그런데 믿지 않는 사람들이 악을 행할 때에는 웬만한 것은 징계하지 않습니다. 그들은 죄가 무엇인지 모르고 하나님과 상관없는 사람, 즉 사생자이기 때문입니다. 결국에는 사망이고, 지옥에 갈 것이니 이미 심판을 받은 것과 다름이 없습니다. 물론 죄가 가득 차 상대에게 큰 피해를 입히고 악함이 도를 넘어서 인륜을 저버릴 때에는 그가 하나님과 상관없는 사람이라도 용납하지 않으십니다. 하나님은 모든 사람을 선악 간에 심판하는 분이기 때문입니다.

사도행전 12장 23절을 보면 "헤롯이 영광을 하나님께로 돌리지 아니하는 고로 주의 사자가 곧 치니 충이 먹어 죽으니라" 말씀합니다. 헤롯은 예수님의 열두 제자 중 하나인 야고보를 죽이고 베드로를 투옥한 왕으로서 하나님을 믿지 않은 사람입니다. 그런데 자신이 신이라도 된 것처럼 교만하자 하나님께서 그를 치시니 벌레가 먹어 죽었습니다. 하나님을 믿지 않는 사람일지라도 죄가 넘쳐 정한 선을 넘으면 이처럼 심판을 받는 것입니다.

하나님을 믿는 사람들의 경우는 어떻습니까? 이스라엘 백성이 우상을 섬기며 하나님을 떠나 악을 행할 때에 하나님께서는 그대로 두지 않으셨습니다. 선지자를 통해 책망하고 가르치시며 그래도 듣지 않으면 징계하여 돌이키게 하셨습니다.

히브리서 12장 5~6절에 "내 아들아 주의 징계하심을 경히 여기지 말며 그에게 꾸지람을 받을 때에 낙심하지 말라 주께서 그 사랑하시는 자를 징계하시고 그의 받으시는 아들마다 채찍질하심이니라" 한 대로입니다. 하나님께서는 사랑하는 자녀가 잘못할 때에는 사랑으로 간섭하십니다. 돌이켜 회개하여 축복된 삶을 영위할 수 있도록 책망하며 징계하시는 것입니다.

❧ 세상에 죄악이 관영했기 때문에

하나님의 심판이 임한 이유는 무엇보다 세상에 죄악이 관영했기 때문입니다(창 6:5). 그러면 사람들의 죄악이 세상에 관영하다는 것은 어떤 상태를 말할까요?

먼저 국가적으로 악을 쌓은 경우입니다. 나라를 대표하는 수상이나 대통령 등과 백성이 동조하여 죄악을 쌓아간 경우로, 유명한 나치 독일의 유대인 학살을 들 수 있습니다. 당시 독일 전체가 히틀러에게 동조하여 대학살을 자행하였는데 그 방법이 너무나도 잔인합니다.

기록에 의하면 독일, 오스트리아, 폴란드, 헝가리, 소련 등 각지에 있던 유대인 600만 명이 노역, 고문, 기아, 살해로 처참하게 죽어갔다고 합니다. 벌거벗겨진 채 가스실에서 죽고 구덩이에 생매장되거나 인체 실험으로 끔찍하게 죽어가야 했습니다. 이런 악한 일을 주도한 히틀러와 독일의 운명은 결국 어떻게 되었습니까? 히틀러는 스스로 목숨을 끊었고 독일은 패전국이 되어 씻을 수 없는 역사적 오점과 함께 동서로 분열되는 비극을 겪어야 했습니다. 그 당시 전범들은 이름을 바꾸고 도망 다니는 신세가 되거나 잡혀서 사형당했습니다.

노아 시대의 사람들은 물로 심판을 받았습니다. 당시 모든 사람이 죄로 가득하니 하나님께서 그들을 멸하실 것을 결심하셨습니다(창 6:11~17). 홍수를 내리기 전까지 노아가 심판이 있음을 외쳤지만 끝내 그들은 듣지 않았지요. 오히려 노아의 가족이 방주에 들어가던 날까지 사람들은 먹고 마시고 장가 들고 시집 가면서 쾌락을 즐겼고 노아의 말대로 비가 내리는 것을 보면서도 전혀 깨닫지 못했습니다(마 24:38~39). 결국 노아의 가족을 제외한 모든 사람이 홍수에 의해 다 죽었습니다(창 7장).

아브라함 시대에도 하나님께서 죄악으로 가득한 소돔과 고모라를 불과 유황으로 심판하신 기록이 성경에 나옵니다(창 19장). 그 외에도 나라 전체가 죄악으로 관영해졌을 때 기근이나 지진, 질병 등 여러 형태로 하나님께서 심판하셨음을 볼 수 있습니다.

다음으로, 개인적인 경우에는 하나님을 믿든지 안 믿든지 악을 쌓아 갔을 때에 반드시 행한 대로 갚아 주셨습니다. 자신의 악으로 인해 생명이 단축되거나 그렇지 않다 해도 죄의 경중에 따라 비참한 말년을 보내게 됩니다. 그런데 이때 일찍 죽는다고 다 심판을 받은 것이라 할 수는 없습니다. 사도 바울이나 베드로처럼 의를 행하고도 죽임을 당하는 경우도 있기 때문입니다. 이는 의로운 죽음이기 때문에 하늘나라에서 해와 같이 빛날 것입니다. 옛 선인 중에도 왕에게 진언을 올리다가 사약을 받고 죽은 사람도 있는데 이러한 것은 죄에 대한 심판이 아니라 의로운 죽음입니다.

오늘날에는 국가적으로든 개인적으로든 세상에 죄가 관영했습니다. 사람들은 대부분 참 신이신 하나님을 믿지 않으며 자기 주장으로 가득 차 있습니다. 헛된 신을 좇거나 하나님보다 다른 것을 더 좋아합니다. 혼전 동거는 예삿일이 되었고 동성연애자와 그들의 결혼까지 합법화하려는 움직임이 일고 있습니다. 뿐만 아니라 마약이 성행하고 다투고 원수 맺고 미워하며 부정부패가 넘쳐납니다.

마태복음 24장 12~14절에는 마지막 때에 대하여 "불법이 성하므로 많은 사람의 사랑이 식어지리라 그러나 끝까지 견디는 자는 구원을 얻으리라 이 천국 복음이 모든 민족에게 증거되기 위하여 온 세상에 전파되리니 그제야 끝이 오리라" 했는데 바로 지금이 그런 세상이 된 것입니다.

어둠 가운데 있으면 몸에 오물이 묻어도 발견할 수 없듯이 너무나 죄가 가득하기 때문에 사람들은 불법을 행해도 불법인 줄 모릅니다. 마음 안에 불법이 가득하니 사랑이 담길 수 없습니다. 사랑이 식었기 때문에 불신과 갖가지 마음 아픈 일이 만연합니다. 이러한 현실을 흠도 점도 없는 하나님께서 어찌 그냥 두고 보실 수 있겠습니까.

자녀를 사랑하는 부모라면 자녀가 그릇된 길로 갈 때 어떻게 하겠습니까? 타일러도 보고 엄히 책망해도 듣지 않으면 매를 들어 징계해서라도 돌이키게 할 것입니다. 나아가 사람으로서 도저히 있을 수 없는 일을 행한다면 더 이상 자녀로 여기지 않겠지요. 창조주 하나님도 마찬가지입니다. 사람의 죄악이 가득하여 짐승과 다름이 없다면 심판하실 수밖에 없습니다.

❊ 마음의 생각이 악하기 때문에

하나님께서는 세상에 죄악이 관영할 뿐만 아니라 사람의 생각이 악한 것을 한탄하며 심판하십니다. 사람의 마음이 완악하면 생각하는 것도 악합니다. 매사에 자기 유익을 좇아서 욕심을 품고 부를 축적하기 위해 수단과 방법을 가리지 않으며 늘 악한 생각을 합니다. 이는 국가적으로나 개인적으로도, 또한 하나님을 믿는 경우에도 해당이 됩니다. 하나님을 믿는다 해도 하나님 말씀을 머리에 지식으로는 쌓되 행치 않는 사람은 자기의 유익을 구하기 때문에 매사에 생각이 악할 수밖에 없습니다.

우리가 왜 예배를 드리며 하나님 말씀을 듣습니까? 그 뜻대로 지켜 행함으로 하나님께서 원하시는 의인이 되기 위해서입니다. 그런데 "주여 주여" 이름은 부르지만 하나님의 뜻대로 하지 않는 사람이 얼마나 많습니까. 이들은 아무리 하나님의 일을 많이 했다 해도 마음이 악하기 때문에 심판을 받아 천국에 들어갈 수 없습니다(마 7:21). 하나님 말씀대로 계명과 규례를 지키지 않는 것은 죄에 해당되며 행함 없는 믿음은 죽은 믿음이니 당연히 구원에 이를 수 없습니다.

하나님 말씀을 들었으면 악을 버리고 하나님의 뜻대로 행해야 합니다. 그리하면 영혼이 잘됨같이 범사가 잘되고 강건한 축복을 받아 질병이나 시험 환난이 오지 않고 설령 왔다 하더라도 합력하여 선을 이루며 오히려 축복받는 계기가 됩니다.

예수님께서 이 땅에 오셨을 때에, 마음이 선한 목동이나 여 선지자 안나, 시므온과 같은 사람은 아기 예수님을 알아보았습니다. 그러나 율법을 잘 지켜 행하며 가르친다고 하는 서기관이나 바리새인들은 도리어 예수님을 알아보지 못하지요. 하나님 말씀 안에 살았다면 마음에 선이 담겨 있으니 예수님을 당연히 알아보고 영접했을 것입니다. 그러나 그들은 중심을 변화시키지 않은 채 겉으로만 거룩한 척 외식하였기 때문에 마음이 완악하여 하나님의 뜻을 깨우칠 수 없었고 예수님을 알아볼 수 없었습니다. 이처럼 마음에 얼마큼 선이 있느냐,

악이 있느냐에 따라 결과가 크게 달라집니다.

하나님 말씀은 인간의 지식으로는 풀 수 없습니다. 어떤 이는 성경의 뜻을 정확하게 알려면 히브리어와 헬라어를 배워서 원어를 보고 해석해야 한다고 말합니다. 그렇다면 왜 바리새인들이나 서기관들, 대제사장들은 그들의 언어인 히브리어로 기록된 성경을 이해하지 못하고 예수님을 알아보지 못한 것일까요? 하나님 말씀은 성령의 감동으로 기록되었으므로 오직 기도하여 성령의 감동 가운데 깨달을 수 있는 것이지 문자적으로 해석할 수 있는 것이 아니기 때문입니다.

그러므로 우리 마음 안에 비진리 곧 육신의 정욕, 안목의 정욕, 이생의 자랑이 있을 때에는 하나님의 뜻을 깨닫거나, 그 뜻대로 행할 수 없습니다. 오늘날에도 사람이 얼마나 악해졌는지 하나님을 믿으려 하지 않을 뿐더러 믿는다고 하면서도 불법과 불의를 행하며 하나님의 뜻대로 행하지 않습니다. 그러니 하나님의 심판이 가까움을 깨우칠 수 있습니다.

❧ 모든 계획이 항상 악하기 때문에

하나님께서 심판하실 수밖에 없는 것은 사람의 마음의 모든 계획이 항상 악하기 때문입니다. 생각이 악하면 그 가운데 나오는 계획이 악하고 결국 악을 행하게 됩니다. 오늘날 악을 행하는 사람들에게서 나오는 악한 계획이 얼마나 많습니까?

나라를 올바로 이끌어야 할 지도층에 있는 사람이 거액의 뇌물을 요구하거나 비자금을 조성하고 투기에 열을 올리는 것을 볼 수 있습니다. 또한 입시 부정, 병역 비리 등 각종 비리가 난무합니다. 재산을 노리고 계획적으로 부모를 살해하는 자녀가 있는가 하면 유흥비를 벌기 위해 온갖 악한 일을 계획하는 젊은이들도 있지요.

심지어 어린 아이들까지도 악한 계획을 합니다. 오락실에 가고 싶다거나 갖고 싶은 것이 있으면 부모에게 돈을 타내기 위해 거짓말을 예사로 하고 도둑질까지 하는 것입니다. 이렇게 저마다 자기 유익에 급급하니 모든 행사와 계획이 악할 수밖에 없습니다. 물질 문명의 발달에 따라 급속히 향락과 퇴폐문화에 젖어들어 노아 시대처럼 죄악이 가득 찬 세상이 된 것입니다.

❧ 하나님의 심판을 면하려면

하나님을 사랑하고 깨어 있는 사람들은 주님이 다시 오실 날이 심히 가까웠음을 말합니다. 또한 성경에 기록된 것처럼 주님께서 말씀하신 세상 끝 날에 대한 증거들이 구체적으로 나타나고 있습니다. 하나님을 믿지 않는 사람들도 지금이 말세라고 곧잘 말합니다. 전도서 12장 14절에 "하나님은 모든 행위와 모든 은밀한 일을 선악 간에 심판하시리라" 하셨으니 우리는 마지막이 가까워졌음을 알고 죄를 피 흘리기까지 싸워 버리고 악은 모양이라도 버려서 하나님께서 원하시는 의인이 되어야 합니다.

예수 그리스도를 영접하여 하늘 나라 생명책에 이름이 기록된 사람은 영원한 생명을 얻고 부활의 심판으로 나와 영생복락을 누립니다. 또한 행한 대로 상을 받으니 해와 같이 빛나는 위치에 들어가는 사람이 있으며, 달이나 혹은 별과 같은 영광의 자리에 들어가는 사람도 있습니다. 반면에 마음의 생각이 악하고 그 계획이 악한 사람은 예수 그리스도를 영접하지 않고 하나님을 믿지 않으므로 백보좌 대심판 후 영원히 지옥에서 고통받습니다.

이러한 하나님의 심판을 면하려면 로마서 12장 2절에 기록된 대로 온갖 타락과 죄악으로 가득 찬 이 세대를 본받지 말아야 합니다. 오직 마음을 새롭게 함으로 변화되어 하나님의 선하시고 기뻐하시고 온전하신 뜻이 무엇인지 분별하여 하나님의 뜻대로 행해야 하겠습니다. "나는 날마다 죽노라" 고백한 사도 바울과 같이 그리스도 앞에 복종하며 하나님 말씀대로 살아가야 합니다. 이렇게 영혼이 잘되어야 선한 것만 생각하고 행하니 범사가 잘되고 강건한 축복을 받으며 영생복락을 누릴 수 있습니다.

Chapter 13

뜻을 거스르지 말라

레위의 증손 고핫의 손자 이스할의 아들 고라
와 르우벤 자손 엘리압의 아들 다단과 아비람
과 벨렛의 아들 온이 당을 짓고 … 그들이 모여
서 모세와 아론을 거스려 그들에게 이르되 너
희가 분수에 지나도다 회중이 다 각각 거룩하
고 여호와께서도 그들 중에 계시거늘 너희가
어찌하여 여호와의 총회 위에 스스로 높이느뇨
민수기 16:1~3
이 모든 말을 마치는 동시에 그들의 밑의 땅이
갈라지니라 땅이 그 입을 열어 그들과 그 가족
과 고라에게 속한 모든 사람과 그 물건을 삼
키매 그들과 그 모든 소속이 산 채로 음부에
빠지며 땅이 그 위에 합하니 그들이 총회 중에
서 망하니라 … 민수기 16:31~35

우리가 말씀에 순종하여 그 법도를 지키며 정도를 걸으면 들어와
도 복을 받고 나가도 복을 받으며 만사형통한 축복을 받습니다.
반면에 말씀에 순종하지 않고 하나님의 뜻을 거스르면 심판이 임합

니다. 그러므로 우리는 하나님을 사랑하여 그 뜻에 온전히 순종하며 법도를 지켜 행하는 참 자녀가 되어야 하겠습니다.

❧ 하나님의 뜻을 거스르면 심판이 임해

어떤 의협심 강한 남자가 있었습니다. 이 사람은 몇몇 동지와 뜻을 세우고 나라를 위해 거사를 계획했습니다. 거사일이 다가오자, 동지들은 더욱 결의에 찬 마음을 다졌는데 그중 한 사람의 밀고로 모든 계획이 물거품되었습니다. 한 사람의 배신으로 많은 사람이 곤경에 빠지고 뜻을 이루지 못했으니 얼마나 안타깝고 슬펐겠습니까?

가난한 두 남녀가 결혼을 하였습니다. 수년 동안 허리띠를 졸라매며 힘써 재산을 모았습니다. 이제는 땅을 장만하고 좀 평안하게 사는가 싶었는데 갑자기 남편이 노름과 술에 빠지더니 모든 재산을 탕진해 버렸습니다. 이때 아내의 고통은 얼마나 크겠습니까?

사람과의 사이에도 이렇게 서로 뜻을 거스르면 불행한 일이 벌어지는데 하물며 창조주 하나님의 뜻을 거스른다면 어떻게 되겠습니까? 민수기 16장 1~3절을 보면 출애굽 당시 고라와 다단과 온은 당을 짓고 이스라엘의 유력한 족장 250인과 함께 하나님 뜻을 거슬렀습니다. 모세는 하나님께서 세운 그들의 지도자입니다. 모세와 함께 모든 사람이 일치 단결하여 광야 생활의 어려움을 극복하고 가나안 땅에 들어가야 할 상황에서 참으로 가슴 아픈 일이 생긴 것입니다.

결국 고라와 다단과 온은 가족들과 함께 땅이 갈라지면서 산 채로 그 속에 묻히고 말았습니다. 또 그들과 함께한 족장 250인도 여호와의 불에 의해 죽습니다. 하나님께서 세우신 지도자를 거스르는 것은 하나님을 거스르는 것과 같기 때문입니다.

일상생활 속에서도 하나님을 거스르는 일은 허다하게 일어납니다. 성령께서 우리 마음을 주관하시는데도 자신의 생각과 뜻에 맞지 않으면 이를 거역하는 경우입니다. 이렇게 자신의 생각에 맞추다 보면 하나님의 뜻을 거스르게 되니 더 이상 성령의 음성을 들을 수 없습니다. 결국 자신의 뜻대로 행하므로 어려움을 당하게 됩니다.

❖ 하나님의 뜻을 거스른 사람들

민수기 12장에도 모세의 형 아론과 누나 미리암이 모세를 거역한 일이 나옵니다. 모세가 구스 여자를 취하였을 때 미리암과 아론이 "여호와께서 모세와만 말씀하셨느냐 우리와도 말씀하지 아니하셨느냐" 하면서 비방한 것입니다. 이 일로 하나님께서 아론과 미리암에게 진노하시니 즉시 미리암에게 문둥병이 들었습니다.

하나님께서는 "너희 중에 선지자가 있으면 나 여호와가 이상으로 나를 그에게 알리기도 하고 꿈으로 그와 말하기도 하거니와 내 종 모세와는 그렇지 아니하니 그는 나의 온 집에 충성됨이라 그와는 내가 대면하여 명백히 말하고 은밀한 말로 아니하며 그는 또 여호와의 형상을 보겠거늘 너희가 어찌하여 내 종 모세 비방하기를 두려워 아니하느냐" 책망하십니다.

그러면 하나님의 뜻을 거스르는 것이 무엇인지 성경 상의 예를 통해 살펴보겠습니다.

1) 우상 숭배한 이스라엘 백성

출애굽 당시 이스라엘 백성은 애굽에 내린 열 가지 재앙과 홍해가 갈라지는 것을 직접 눈으로 보는 등 갖가지 기사와 이적을 체험하며 하나님이 분명히 살아 계시다는 것을 알았습니다. 그런데 모세가 하나님께 십계명을 받으러 40일을 금식하며 산에 올라가 있는 동안 어떻게 하였습니까? 금으로 송아지 형상을 만들어 그 앞에 경배하였습니다. 하나님께서 이스라엘 백성을 선민으로 삼고 그들에게 우상을 섬기지 말라고 가르쳤는데도 그 뜻을 거스른 것입니다. 그 결과 백성 중에 삼천 명 가량이 죽음을 당했습니다(출 32장).

또 역대상 5장 25~26절에는 "저희가 그 열조의 하나님께 범죄하여 하나님이 저희 앞에서 멸하신 그 땅 백성의 신들을 간음하듯 섬긴지라 그러므로 이스라엘 하나님이 앗수르 왕 불의 마음을 일으키시며 앗수르 왕 디글랏 빌레셀의 마음을 일으키시매 곧 르우벤과 갓과 므낫세 반 지파를 사로잡아 할라와 하볼과 하라와 고산 하숫가에 옮긴지라" 기록했습니다. 이스라엘 백성이 가나안 땅의 신들을 간음하듯 섬긴 결과 하나님께서 앗수르 왕의 마음을 움직여 이스라엘을 침략하게 하시므로 많은 백성이 사로잡혀 가는 재앙을 당한 것입니다.

북이스라엘은 앗수르에 의해, 남유다는 바벨론에 의해 망한 것도 우상을 섬긴 죄 때문입니다. 오늘날로 말하면 금, 은, 동, 목석 등으로 만든 우상에게 경배하는 것과 같습니다. 삶은 돼지머리를 놓고 고사를 지내는 것도 마찬가지입니다. 만물의 영장인 사람이 한낱 죽은 돼지 앞에 절을 하며 복을 빌고 있으니 얼마나 부끄러운 일입니까.

하나님께서는 출애굽기 20장 4~5절에 "너를 위하여 새긴 우상을 만들지 말고 또 위로 하늘에 있는 것이나 아래로 땅에 있는 것이나 땅 아래 물속에 있는 것의 아무 형상이든지 만들지 말며 그것들에게 절하지 말며 그것들을 섬기지 말라" 하셨습니다.

이 말씀을 가볍게 여기고 지키지 않았을 때 임하는 저주와 명심하고 지킨 사람이 받는 축복에 대해서도 상세히 알려 주셨지요. 즉 "나 여호와 너의 하나님은 질투하는 하나님인즉 나를 미워하는 자의 죄를 갚되 아비로부터 아들에게로 삼사 대까지 이르게 하거니와 나를 사랑하고 내 계명을 지키는 자에게는 천 대까지 은혜를 베푸느니라" 하신 것입니다.

그래서 우리 주변을 보면 우상을 섬겨 온 가정에는 유난히 우환질고가 많은 것을 발견할 수 있습니다. 하루는 우상 앞에 절한 일로 어려움을 당한 한 성도가 저를 찾아왔습니다. 평소 멀쩡하던 입이 흉하게 돌아가 말도 제대로 할 수 없는 상태였습니다. 이유를 물으니 명절 때 시골에 내려갔는데 부모의 강요와 핍박에 못 이겨 제사상 앞에 절하였는데 이튿날 아침 입이 돌아갔다는 것입니다. 다행히 하나님 앞에 철저히 회개하고 기도를 받으니 곧 입이 정상으로 회복되었습니다. 사랑의 하나님께서 우상을 섬기는 것이 멸망의 길이라는 것을 확실히 깨우칠 수 있도록 사랑의 매를 들어 구원의 길로 인도하신 것입니다.

2) 이스라엘 백성을 출애굽시키지 않은 애굽 왕 바로

출애굽기 7~12장을 살펴보면, 애굽에서 종살이하던 이스라엘 백성이 모세의 인도 아래 애굽에서 나오려 할 때 애굽 왕 바로가 순순히 놓아 주지 않아 큰 화를 당하는 기록이 나옵니다. 창조주 하나님께서는 인간의 생사화복을 주관하는 분이므로 그 누구도 뜻을 거역할 수 없습니다. 하나님의 뜻은 이스라엘 백성을 출애굽시키는 것이 있는데 마음이 강퍅한 바로 왕이 이를 방해한 것입니다.

마침내 하나님께서는 애굽에 열 재앙을 내리셨고 그 사이 온 나라가 피폐해졌습니다. 바로 왕은 하는 수 없이 이스라엘 백성을 보내 주기는 했으나 억울한 생각이 들었습니다. 그래서 군대를 거느리고 갈라진 홍해 속까지 뒤쫓다가 결국 온 군대가 수장되고 말았습니다. 끝까지 하나님 뜻을 거스르다가 심판을 받은 것입니다. 그만큼 하나님의 살아 계심을 보여 주었으면 하나님이 참 신임을 알아 그 뜻에 순종해야 하지요. 또 사람의 기준으로 보아도 이스라엘 백성을 풀어 주는 것은 당연한 일입니다.

한 민족이 다른 민족 전체를 노예로 삼는다는 것은 있을 수 없는 일이며, 더구나 애굽은 야곱의 아들 요셉 덕분에 극심한 기근에서 벗어나는 은혜를 입었습니다. 비록 400년이 지났다고는 하지만 이스라엘이 애굽의 은인인 것은 분명한 사실입니다. 그런데 은혜를 갚기는커녕 오히려 종살이를 시키고 있으니 얼마나 큰 악입니까. 당시 절대적인 권세를 누리던 바로 왕은 욕심으로 가득 차 있는 교만한 사람이었기 때문에 끝까지 하나님과 겨루다 심판을 받았습니다.

오늘날에도 이러한 사람에게는 하나님의 심판이 기다리고 있음을 성경은 누누이 경고하고 있습니다. 자기 지식과 교만으로 하나님을 믿지 않을 뿐 아니라 "하나님이 어디 있느냐?" 하는 어리석은 사람에게는 멸망이 기다립니다. 설령 하나님을 믿는다 해도 사소한 감정과 자기 고집대로 하나님의 계명을 저버리고 다른 사람과 걸림이 되시나, 직분사로서 열심히 하나님의 일을 한다고 하면서도 시기나 욕심 때문에 다른 사람을 훼방한다면 바로 왕과 다를 바 없습니다. 또한 빛 가운데 살기를 원하는 하나님 뜻을 알면서도 계속 어둠 가운데 행하면 하나님을 믿지 않는 사람과 똑같이 갖가지 우환질고를 당하게 됩니다. 하나님께서는 누차 경고하셨지만 듣지 않고 계속 세상을 향하여 그 뜻을 거스른 결과입니다.

반면에 의롭게 살아가면 마음이 깨끗해지고 하나님의 마음을 닮아가므로 원수 마귀가 떠납니다. 아무리 위중한 병에 걸렸거나 시험 환난을 당해도 하나님 앞에 의를 좇아 행하면 강건하고 시험 환난이 사라집니다. 집이 지저분할 때 바퀴벌레, 쥐 등 여러 가지 더러운 것이 기생하지만 깨끗하게 청소하고 소독하면 벌레들이 살지 못하고 자연히 사라지는 것과 같은 이치입니다.

하나님께서는 인간을 유혹한 뱀을 저주하실 때 배로 기어다닐 것과 영원토록 흙을 먹고 살라고 하셨습니다(창 3:14). 이는 뱀이 땅에 있는 흙을 먹는다는 의미가 아닙니다. 이의 영적인 뜻은 뱀을 사주한 원수 마귀에게 흙으로 지음받은 인간의 육을 먹고 살라는 것입니다. 영적으로 육은 변하며 없어지고 사망의 길로 가는 비진리를 뜻합니다.

따라서 원수 마귀는 비진리 가운데 죄를 짓는 육의 사람에게 시험 환난과 고통을 주고 사망의 길로 이끌어 갑니다. 그런데 죄가 없고 빛이신 하나님 말씀 가운데 사는 신령한 사람에게는 원수 마귀가 근접할 수 없습니다. 그러므로 우리가 의 가운데 살면 질병이나 시험 환난은 저절로 떠나는 것입니다.

여호수아 2장을 보면 바로 왕과 대조적으로 이방인이면서도 하나님의 뜻이 이루어지도록 도와주므로 복 받은 사람이 있습니다. 출애굽 당시 여리고에 살던 라합이라는 여인입니다. 애굽에서 나온 이스라엘 백성이 40년간을 광야에서 떠돈 후 이제 요단강을 건너 여리고 성을 공격하려고 진 치고 있을 때였습니다.

그 여인은 비록 이스라엘 백성이 아니었지만 소문을 통해 천지를 주관하는 여호와라는 신이 이스라엘 백성과 함께한다는 사실을 깨달았습니다. 또한 그분은 결코 무모한 살생을 하는 분이 아님을 알았지요. 이처럼 공의로우신 하나님을 알았기 때문에 라합은 이스라엘 정탐꾼들을 숨겨 주었습니다. 하나님의 섭리와 뜻을 알고 그 뜻이 이루어지도록 도와준 라합은 결국 여리고 성이 멸망할 때 그와 그의 온 집이 구원을 얻었습니다. 우리도 각종 문제를 해결받으며 응답받는 신앙생활을 영위하기 위해서는 하나님의 뜻을 이루는 사람이 되어야 합니다.

3) 하나님의 질서에 어긋난 엘리 제사장과 그의 아들들

사무엘상 2장에 보면 엘리 제사장의 아들들은 하나님께 제사드릴 음식에 먼저 손을 대는가 하면 하나님 전에서 수종 드는 여인과 행음할 정도로 불량자였습니다. 그런데도 아버지인 엘리 제사징은 그러면 안 된다는 말만 할 뿐 그들의 행실을 고치기 위한 어떤 조처를 취하지 않았습니다. 결국 그의 아들들은 블레셋과의 전쟁에서 죽임을 당했고 엘리 제사장은 그 소식을 전해 듣다가 의자에서 넘어져 목이 부러지고 말았습니다. 엘리 제사장은 아들들을 올바르게 가르치지 못한 죄로 목이 부러져 죽은 것입니다.

오늘날도 마찬가지입니다. 육체로 행음하거나 하나님의 질서에 어긋나게 살아가는 사람들이 있는데 이들을 용납하고 가르치지 않는다면 엘리 제사장과 다를 바 없습니다. 여기서 우리 모습 가운데 엘리 제사장이나 그의 아들들과 같은 모습은 없는지 돌아봐야 합니다.

하나님께 드리는 십일조와 감사예물을 자기 것으로 사용하는 경우도 마찬가지입니다. 온전한 십일조와 헌물을 드리지 않으면 하나님의 것을 훔친 것이므로 가정이나 나라에 저주가 임한다고 말씀합니다(말 3:8~9). 또한 하나님께 드리려고 정해 놓은 것도 다른 것으로 바꾸지 말아야 합니다. 이미 드리려고 마음에 품었으면 그대로 드려야 합니다. 더 좋은 것이 있어서 바꿨다면 둘 다 드려야 합당합니다.

교회 안에서 기관장이나 회계라 하여 회비를 임의로 사용하는 것도 옳지 않습니다. 공금을 다른 목적으로 쓰거나 행사에 사용할 돈을 다른 데에 쓰는 일도 하나님의 것을 훔친 것입니다. 더구나 몰래 하나님 재정에 손대는 것은 가룟 유다와 같은 도둑질입니다. 하나님의 돈을 도둑질하였으니 이는 엘리 제사장의 아들들보다 더 큰 악을 행한 것이며 절대로 용서받지 못합니다. 만일 몰라서 한 일이라면 철저히 통회자복하고 이제부터는 하지 말아야 합니다. 이런 것 때문에 저주가 임하고 갖가지 우환이나 사고와 질병이 생기고 믿음도 주어지지 않습니다.

4) 엘리사를 조롱한 아이들과 그 외의 경우

엘리사는 하나님과 교통하며 보장받은 능력의 종입니다. 그런데 열왕기하 2장에 보면 수십 명의 아이들이 떼지어 엘리사를 따라다니면서 조롱하며 괴롭힙니다. 그 아이들이 얼마나 악했는지 성에서부터 성 밖으로 나와서까지 "대머리여 올라가라, 대머리여 올라가라" 하였지요. 결국 견디다 못한 엘리사가 저희를 여호와의 이름으로 저주하니 곧 수풀에서 암곰 둘이 나와 아이들 중에 42명을 찢었습니다. 아이들 중 42명이 죽었다고 했으니 그보다 훨씬 더 많은 숫자가 무리 지어 엘리사를 괴롭혔음을 짐작할 수 있습니다.

하나님께서 보장하시는 종의 저주와 축복은 그대로 임합니다. 더구나 하나님의 사람을 비방하거나 험담하며 조롱하는 일은 하나님을 조롱하고 비방하는 것과 같습니다. 이는 하나님의 뜻을 거스르는 일이지요.

또 예수님을 십자가에 못 박고 그 피를 자신들과 자손에게 돌리라고 외쳤던 이스라엘 민족은 어떻게 되었습니까? 시기 70년에 디이터스 장군이 이끄는 로마군에 의해서 예루살렘이 완전히 멸망하였고 그때 죽은 유대인이 110만 명이나 된다고 합니다. 그 후 세계 도처에 흩어져 갖은 수모와 핍박을 받으며 살아가던 유대인들은 또다시 히틀러에 의해 600만 명이나 학살되었습니다. 하나님의 뜻을 거스르고 거역한 결과는 이렇게 엄청난 것입니다.

엘리사를 수종 들던 게하시도 마찬가지입니다. 엘리사는 불의 응답을 받은 엘리야 선지자의 제자로서 스승보다 갑절의 영감을 받았으니 이러한 분을 모신다는 자체만으로도 큰 복입니다. 게하시는 엘리사 선지자가 베푸는 수많은 표적을 가까이에서 지켜봤습니다. 그가 엘리사의 말에 순종하고 가르침을 잘 받았다면 큰 축복과 능력이 임했을 것입니다. 그러나 게하시는 그러지 못했습니다.

엘리사가 아람의 군대장관이던 나아만 장군의 문둥병을 하나님의 능력으로 치료해 준 적이 있습니다. 몹시 감격한 나아만은 엘리사에게 큰 선물을 하고자 했으나 엘리사는 한사코 거절합니다. 받지 않는 것이 하나님께 더 영광이 되기 때문입니다.

그런데 게하시는 주인의 뜻도 모르고 물질에 눈이 어두운 나머지 나아만 장군의 뒤를 쫓아가서 그를 속이고 선물을 받아와 은밀히 감추었습니다. 이 사실을 안 엘리사는 게하시에게 돌이킬 수 있는 기회를 주었지만 그는 끝내 회개하지 않고 시치미를 뗐습니다. 그 결과 저주를 받으니 나아만의 문둥병이 게하시에게로 옮겨왔습니다. 그는 엘리사의 뜻을 거슬렀을 뿐만 아니라 하나님의 뜻을 거스른 것입니다.

5) 성령을 속이는 경우들

사도행전 5장을 보면 아나니아와 삽비라 부부가 베드로를 속이는 일이 나옵니다. 아나니아와 삽비라는 초대교회 교인으로서 자기 소유를 팔아 하나님께 드리기로 작정하였지만, 막상 돈을 손에 쥐니 욕심이 생겼지요. 그래서 그 값에서 얼마를 감추고는 전부라고 속였다가 죽었습니다. 이는 사람에게 거짓말한 것이 아니라 하나님께 거짓말하고 성령을 속이며 주의 영을 시험한 것이기 때문입니다.

지금까지 몇 가지 예를 소개하였는데 이 외에도 하나님의 뜻을 거스르는 일은 얼마든지 있습니다. 하나님의 법은 우리를 징계하고자 하는 것이 아닙니다. 죄를 깨닫고 예수 그리스도의 능력에 힘입어 축복을 받게 하기 위해 있는 것입니다. 지금까지 자신의 행동을 돌아보아 혹 하나님 뜻을 거스르는 일이 있었다면 즉시 돌이켜서 그 뜻대로 행하는 사람이 되어야 하겠습니다.

풀무와 초개

풀무란 돌이나 흙으로 만든 도가니 또는 쇠로 만들어져 금속 등을 용해하여 제련하는 용광로를 말한다. 성경에서는 하나님의 연단이나 심판, 지옥 등을 상징하는 말로 쓰인다. 다니엘의 세 친구인 사드락, 메삭, 아벳느고는 느부갓네살이 세운 금신상에 절하지 않아 풀무불에 던져지는 극형을 받았지만 하나님의 도우심으로 죽지 않았다(단 3장).
초개란 바짝 마른 지푸라기나 검불을 가리키며 매우 하찮은 것을 의미한다.

교만이란?

남을 나보다 낮게 여기지 못하고 무시하는 것, 모든 면에서 내가 남보다 더 우월하다고 여기는 것을 말한다. 이러한 교만이 잘 드러나는 조건 중 하나는 자신이 속한 단체에서 가장 머리 된 사람에게 사랑받고 인정받는다고 생각할 때이다. 하나님께서는 교만의 속성을 드러내기 위해 때로 칭찬의 방법을 사용하신다.
우리에게 흔히 있는 교만의 모습 중 하나가 상대를 판단 정죄하는 것이다. 특히 경계해야 할 것은 바로 영적 교만으로서 하나님 말씀으로 자신의 모습을 비춰 보는 것이 아니라 상대를 지적하고 판단 정죄하는 것이다. 이러한 영적 교만은 쉽게 깨닫지 못하기 때문에 가장 위험하고 경계해야 할 악의 모습이다.

Chapter 14

만군의 여호와가
이르노라

만군의 여호와가 이르노라 보라 극렬한 풀
무불 같은 날이 이르리니 교만한 자와 악
을 행하는 자는 다 초개 같을 것이라 그
이르는 날이 그들을 살라 그 뿌리와 가지
를 남기지 아니할 것이로되 내 이름을 경외
하는 너희에게는 의로운 해가 떠올라서 치
료하는 광선을 발하리니 너희가 나가서 외
양간에서 나온 송아지같이 뛰리라 또 너희
가 악인을 밟을 것이니 그들이 나의 정한
날에 너희 발바닥 밑에 재와 같으리라 만군
의 여호와의 말이니라 **말라기 4:1~3**

하나님께서는 모든 행위와 은밀한 일을 선악 간에 심판하십니다
(전 12:14). 이는 인류 역사를 살펴보아도 분명히 알 수 있습니다. 교
만한 사람은 자기 유익을 구하며 다른 사람을 무시하고 악을 쌓아
부귀영화를 누리는 것 같지만, 결국에는 패망으로 끝납니다. 반면에

선을 행하며 하나님을 경외하는 겸손한 사람은 당장에는 어리석게 보이고 어려움을 당하는 것 같지만, 결국에는 축복과 만인의 존경을 받습니다.

❧ 교만한 자를 물리치시는 하나님

성경에 나오는 여인 중에서 와스디와 에스더를 비교해 보십시오. 와스디는 당시 세계 제일이라는 바사(페르시아) 제국의 아하수에로 왕의 왕비입니다. 하루는 아하수에로 왕이 큰 잔치를 베푼 자리에 왕후 와스디를 청하였습니다. 그런데 와스디는 자기의 지위와 빼어난 용모를 믿고 교만하여 왕명을 거역하였습니다. 진노한 왕은 교만한 왕후를 폐위시키고 맙니다. 반면에 와스디의 뒤를 이어 왕후의 자리에 오른 에스더는 어떠하였습니까?

유대 사람으로 바벨론의 느부갓네살 왕 때 포로로 잡혀와 왕후 자리에까지 오른 에스더는 아름다울 뿐만 아니라 지혜롭고 겸손하였습니다. 한번은 아말렉 사람 하만의 간계로 자기 민족이 어려움을 겪을 때 3일 금식하며 기도한 후, 죽으면 죽으리라는 각오로 의관을 정제하고 겸손하게 왕 앞에 나아갑니다. 이처럼 왕과 모든 사람 앞에서 겸손히 행하니 왕의 사랑과 신임을 받았을 뿐 아니라 자기 백성을 구하는 큰 일도 감당할 수 있었습니다.

야고보서 4장 6절에 "하나님이 교만한 자를 물리치시고 겸손한 자에게 은혜를 주신다" 하셨으니 하나님 앞에 교만한 자가 되어 버림받는 일이 결코 없어야 합니다. 또한 말라기 4장 1절에 "교만한 자와 악을 행하는 자는 다 초개 같을 것이라" 했으니 자신의 지혜와 지식과 능력을 선한 일에 쓰느냐, 악한 일에 쓰느냐에 따라 그 결과가 엄청나게 다릅니다. 좋은 예로 다윗과 사울을 들 수 있습니다.

왕이 된 다윗은 먼저 하나님을 생각했고 그 뜻을 좇았습니다. 어떻게 하면 나라를 부강하게 하고 백성을 평안하게 할 것인지 겸손하게 구했으므로 하나님의 축복을 받았습니다.

그러나 사울은 욕심에 치우쳐 왕의 자리를 빼앗길까봐 근심하며, 백성과 하나님의 사랑을 받는 다윗을 죽이려고 쫓아다니는 데 오랜 세월을 허비했습니다. 또한 교만하여 선지자의 지적도 받아들이지 않았지요. 결국 그는 하나님으로부터 버림받고 전쟁 중에 비참한 죽음을 맞았습니다.

그러므로 만군의 여호와 하나님께서 교만한 사람을 이렇게 심판하시는지 잘 깨우쳐 교만을 철저히 버려야 합니다. 교만을 버리고 겸손한 사람이 되면 하나님께서 기뻐하며 응답으로 함께하십니다. 잠언 16장 5절에 "무릇 마음이 교만한 자를 여호와께서 미워하시나니 피차 손을 잡을지라도 벌을 면치 못하리라" 했습니다. 하나님께서 얼마나 교만을 싫어하시는지 교만한 사람과 손잡고 일을 해도 함께 벌을 받는다는 것입니다. 악인은 악인끼리, 선인은 선인끼리 모이게 되듯이 그 역시 교만하기 때문에 손을 잡는 것입니다.

🌿 히스기야 왕의 교만

하나님께서 교만을 얼마나 싫어하시는지 좀 더 살펴보겠습니다. 역대 이스라엘 왕 중에 처음에는 하나님을 사랑하고 그 뜻에 순종을 잘하다가 교만해져서 하나님의 뜻을 거스르고 불순종한 사람이 많이 있습니다. 그중 한 사람이 바로 남왕국 유다의 13대 왕 히스기야입니다.

부친 아하스의 뒤를 이어 왕이 된 히스기야는 다윗과 같이 하나님 보시기에 정직하여 사랑을 받았습니다. 나라 안에 있는 이방 산당을 없애고 주상을 깨뜨리며 아세라 목상을 찍는 등 하나님이 싫어하시는 우상을 철저히 배격하였습니다(대하 29:3~30:27). 그러나 문란했던 선대 왕의 과오로 정치적인 어려움과 외세의 압력을 받는 상황이 되자 히스기야 왕은 하나님을 의지하지 못하고 인접한 애굽, 블레셋, 시돈, 모압, 암몬 등과 동맹을 맺습니다. 이사야 선지자는 여호와를 거역하는 무모한 짓이라고 수차 견책합니다.

그런데도 교만에 빠진 히스기야 왕은 그 말을 받아들이지 않습니다. 결국 하나님께서는 앗수르 왕 산헤립이 유다를 치도록 내버려 두셨습니다. 마침내 앗수르 왕 산헤립은 유다를 침략하여 대파하고 20만 명을 포로로 잡고 막대한 배상금을 요구하니 히스기야는 성전과 왕궁의 장식품과 국가의 보고를 털어 그 요구에 응하였습니다. 성전의 기물은 누구도 손대서는 안 됩니다. 그런데 히스기야는 자기가 살기 위해 성전 기물을 마음대로 내 주었으니 하나님께서 외면하실 수밖에 없었습니다.

산헤립이 막대한 배상금을 받고도 협박을 계속하자 히스기야는 결국 자신의 계산이나 생각으로는 어찌할 수 없음을 깨닫고 하나님 앞에 통회자복하며 기도하였습니다. 그 결과 하나님께서는 그를 궁휼히 여기시고 앗수르를 물리쳐 주셨습니다. 가정이나 일터, 사업터, 이웃, 형제간에도 마찬가지입니다. 교만한 사람은 사랑받지 못할 뿐 아니라 어려운 일을 만나도 도움을 얻지 못합니다.

믿는 사람들의 교만

하나님을 믿는 사람은 하나님께서 지키시니 귀신이 들어갈 수 없습니다. 그런데 스스로는 믿는다 말하지만 귀신이 들어가는 경우가 있습니다. 어떤 경우일까요? 하나님께서는 교만한 사람을 물리치신다고 했으니 교만하어 하나님께서 외면하시면 귀신이 들이갈 수 있습니다. 영적으로 교만하면 사단이 역사하여 귀신이 들리기도 하고 악행을 저지르도록 조종하기도 합니다.

설령 그렇지 않다 해도 하나님을 믿는 사람이 영적으로 교만해지면 진리를 거스르므로 곤고해집니다. 하나님 말씀에 순종하지 않으므로 하나님께서 함께하지 않으시니 매사가 불통합니다. 잠언 16장 18절에 "교만은 패망의 선봉이요 거만한 마음은 넘어짐의 앞잡이니라" 한 대로 교만은 유익은커녕 고통만 줄 뿐입니다. 따라서 신앙적인 교만은 절대 금물임을 깨달아 철저히 깨뜨려야 합니다.

그러면 하나님을 믿는 사람들의 교만을 어떻게 알 수 있습니까? 교만한 사람은 자기가 옳다고 생각하기 때문에 남의 지적을 받아들이지 않습니다. 또한 하나님 말씀대로 행치 않는 것도 교만입니다. 하나님을 무시하는 것이기 때문입니다. 다윗이 하나님의 계명을 어기고 범죄하였을 때 하나님께서는 "네가 나를 업신여기고"(삼하 12:10) 하시며 엄히 책망하셨습니다. 그러므로 기도하지 못하는 것, 사랑하지 못하는 것, 순종하지 못하는 것, 자기 속에 있는 들보는 보지 못하고 상대의 티를 지적하는 것도 모두 교만입니다.

자기 생각에 맞추어 판단 정죄하며 상대를 무시하는 것이나, 자기를 자랑하고 드러내려 하는 것이 다 교만에 해당됩니다. 변론하기 좋아하는 것, 언쟁하는 것도 교만이지요. 교만하면 섬김받고 높아지려 하며 자기의 유익과 명예를 위해 악을 쌓아갑니다. 이러한 교만을 회개하고 겸손한 사람이 되어야 형통하고 행복한 삶을 영위할 수 있습니다. 그래서 예수님께서 "어린아이들과 같이 되지 아니하면 결단코 천국에 들어가지 못하리라"(마 18:3) 하신 것입니다. 마음이 높아져 자신이 옳다 하며 자존심을 내세우고 자기 생각을 동원하면 하나님 말씀을 그대로 받아들여 행할 수 없으니 구원받을 수도 없습니다.

거짓 선지자들의 교만

구약 성경을 보면 때에 따라 왕이 선지자들에게 앞일을 물어 행했습니다. 아합 왕은 북이스라엘의 7대 왕으로서 국내적으로는 바알 숭배가 성행하고 국외적으로는 아람의 침략 전쟁이 가속화되던 시기에 죽음을 당한 사람입니다. 이는 선지자 미가야의 경고를 무시하고 거짓 선지자들의 말을 신봉하였기 때문입니다.

열왕기상 22장을 보면, 아합 왕이 유다 왕 여호사밧에게 길르앗 라못을 아람 왕의 손에서 다시 되찾자는 제의를 합니다. 이때 하나님을 사랑하던 여호사밧 왕은 결정을 내리기 전에 먼저 선지자에게 하나님의 뜻을 물어보자고 합니다. 그러자 아합 왕은 자기에게 좋은 말로 아첨하는 거짓 선지자를 사백 명쯤 모으고 물어보았습니다. 그들은 한결같이 이스라엘의 승리를 예언하였습니다.

그러나 참 선지자인 미가야는 아합 왕에게 화가 있을 것을 말합니다. 끝내 미가야의 예언은 무시되고 두 왕은 연합하여 아람과 전쟁을 합니다. 결과는 어떻게 되었습니까? 전쟁은 무승부로 끝나고 궁지에 몰려 병사로 가장한 채 전장을 빠져나가려던 아합 왕은 우연히 날아온 화살에 맞아 과다 출혈로 죽음을 맞습니다. 참 선지자인 미가야의 예언을 듣지 않고 거짓 선지자들의 예언을 들은 결과입니다. 이러한 거짓 선지자나 거짓 선생은 하나님의 심판을 받아 지옥의 불못보다 일곱 배나 더 뜨거운 유황못에 던져집니다(계 21:8).

하나님께서 함께하시는 참 선지자는 그 영혼이 하나님 앞에 합한 중심을 가지고 있기 때문에 올바른 예언을 할 수 있습니다. 그러나 직분만 있을 뿐 외식하는 선지자들은 자기의 생각을 예언인 것처럼 말하여 나라를 망하게 하거나 그릇된 길로 이끌어 갑니다. 가정이든 국가든 교회든 선하고 진실한 사람의 말을 들으면 선을 좇아 화목하지만 악한 사람의 길을 좇으면 고통과 멸망을 당하게 됩니다.

❧ 교만하고 악을 행하는 사람이 받는 심판

디모데전서 6장 3~5절에 "누구든지 다른 교훈을 하며 바른 말 곧 우리 주 예수 그리스도의 말씀과 경건에 관한 교훈에 착념치 아니하면 저는 교만하여 아무것도 알지 못하고 변론과 언쟁을 좋아하는 자니 이로써 투기와 분쟁과 훼방과 악한 생각이 나며 마음이 부패하여지고 진리를 잃어버려 경건을 이익의 재료로 생각하는 자들의 다툼이 일어나느니라" 말씀합니다.

하나님 말씀 안에는 모든 선이 다 들어 있기 때문에 다른 교훈이 필요치 않습니다. 또한 하나님만이 온전하고 선하시므로 그 교훈만이 참입니다. 그런데 교만한 사람은 참된 것을 모른 채 다른 교훈을 말하며 스스로 잘났다고 변론합니다. 변론이란 서로 자기가 옳다고 하는 것이고 언쟁은 소리 높여 말씨름하는 것입니다. 또 투기는 누가 사랑을 받으면 모해하는 것이고, 분쟁은 다투어 분리하는 것입니다. 이렇게 교만하면 마음이 부패하여 하나님께서 싫어하시는 육체의 일을 행합니다.

그러므로 교만한 사람이 돌이켜 회개하지 않으면 하나님으로부터 버림받고 심판을 받습니다. 아무리 '주여, 주여' 부르며 하나님을 믿는다 해도 교만을 버리지 않고 악을 행하는 사람은 심판 날에 쭉정이와 같이 지옥불에 던져집니다.

하나님을 경외하는 의인이 받는 축복

정녕 하나님을 믿는 사람은 교만을 깨뜨리고 악을 버려서 하나님을 경외하는 의인이 됩니다. 여호와 하나님을 경외하는 것은 무엇입니까? 잠언 8장 13절에 "여호와를 경외하는 것은 악을 미워하는 것이라 나는 교만과 거만과 악한 행실과 패역한 입을 미워하느니라" 말씀하셨습니다. 악을 미워하여 악은 모양이라도 버리면 하나님 보시기에 의를 행하는 사람이 됩니다.

하나님께서는 이러한 사람에게 사랑을 베풀어 구원과 응답, 축복을 주십니다. 곧 "내 이름을 경외하는 너희에게는 의로운 해가 떠올라서 치료하는 광선을 빌하리니 너희가 나가서 외양긴에서 나온 송아지같이 뛰리라 또 너희가 악인을 밟을 것이니 그들이 나의 정한 날에 너희 발바닥 밑에 재와 같으리라"(말 4:2~3) 말씀합니다.

하나님을 경외하고 그 명령을 지켜 사람의 본분을(전 12:13) 행하는 사람에게는 하나님께서 재물과 영광과 생명으로 축복해 주십니다(잠 22:4). 그러므로 응답과 치료, 축복을 받아 외양간에서 나온 송아지처럼 기쁨을 누립니다.

출애굽기 15장 26절에 "너희가 너희 하나님 나 여호와의 말을 청종하고 나의 보기에 의를 행하며 내 계명에 귀를 기울이며 내 모든 규례를 지키면 내가 애굽 사람에게 내린 모든 질병의 하나도 너희에게 내리지 아니하리니 나는 너희를 치료하는 여호와임이니라" 하셨습니다. 정녕 하나님을 경외하는 사람은 어떠한 질병도 치료받고 건강한 삶을 살 수 있으며 천국에 들어가 세세토록 영광을 누리게 됩니다.

그러므로 자신을 돌아보아 교만과 악의 모습이 있다면 돌이켜 회개함으로써 겸손과 섬김으로 하나님을 경외하는 의인이 되어야 하겠습니다.

Chapter 15

죄와 의와 심판에 대하여

그러하나 내가 너희에게 실상을 말하노니 내가 떠나가는 것이 너희에게 유익이라 내가 떠나가지 아니하면 보혜사가 너희에게로 오시지 아니할 것이요 가면 내가 그를 너희에게로 보내리니 그가 와서 죄에 대하여, 의에 대하여, 심판에 대하여 세상을 책망하시리라 죄에 대하여라 함은 저희가 나를 믿지 아니함이요 의에 대하여라 함은 내가 아버지께로 가니 너희가 다시 나를 보지 못함이요 심판에 대하여라 함은 이 세상 임금이 심판을 받았음이니라 **요한복음 16:7~11**

우리가 예수 그리스도를 믿고 마음의 문을 열어 구세주로 영접하면 하나님께서 성령을 선물로 주십니다. 성령은 우리를 거듭나게 하여 말씀을 깨우칠 수 있도록 도우십니다. 또한 진리 안에 살게 하여 온전히 구원에 이를 수 있도록 인도하는 등 많은 일을 하시지요. 그러므로 우리는 성령을 통하여 죄가 무엇인지 깨닫고 선악을 분별할 수 있어야 하며 어떻게 의를 행하여 지옥의 심판을 면하고 천국에 들어갈 수 있는지 알아야 합니다.

❧ 죄에 대하여

예수님께서는 자신이 십자가에 못 박혀 죽을 것과 제자들이 장차 받게 될 환난을 알려 주셨습니다. 그리고 자신이 부활 승천하신 뒤 성령이 오셔서 제자들이 얻게 될 유익을 가르치며 격려하셨지요. 예수님의 승천은 보혜사 성령을 보내시기 위한 필연적인 과정이었습니다.

장차 성령이 오시면 죄에 대하여, 의에 대하여, 심판에 대하여 책망하시는데 죄에 대하여 책망한다는 것은 무슨 뜻일까요? 요한복음 16장 9절에 "죄에 대하여라 함은 저희가 나를 믿지 아니함이요" 하신 대로 예수 그리스도를 믿지 않는 것이 죄이며 이러한 사람은 결국 심판에 이른다는 것입니다. 그러면 왜 예수 그리스도를 믿지 않는 것이 죄가 될까요?

사랑의 하나님께서는 독생자 예수 그리스도를 이 땅에 보내 아담의 불순종으로 죄인된 인류를 위해 구원의 길을 열어 주셨습니다. 예수님께서는 친히 십자가에 못 박혀 죽음으로 인류의 모든 죄를 대속하여 구원의 문을 여시고 유일한 구세주가 되셨습니다. 이러한 사실을 알면서도 믿지 않는다면 그 자체가 바로 죄입니다. 또한 예수 그리스도를 구세주로 영접하지 않은 사람은 죄 사함을 받지 못했으니 여전히 죄인으로 남아 있을 수밖에 없습니다.

✤ 죄에 대하여 심판하시는 이유

우리는 천하 만물만 보더라도 분명히 창조주가 있음을 깨우칠 수 있습니다. 로마서 1장 20절을 보면 "창세로부터 그의 보이지 아니하는 것들 곧 그의 영원하신 능력과 신성이 그 만드신 만물에 분명히 보여 알게 되나니 그러므로 저희가 핑계치 못할지니라" 말씀합니다. 어느 누구도 하나님을 몰라서 믿지 못하였다고 핑계댈 수 없다는 것이지요.

작은 시계 하나도 사람이 설계, 제작하지 않고는 저절로 우연히 만들어질 수 없습니다. 하물며 복잡하기 이를 데 없는 우주 만물이 어떻게 우연히 생길 수 있겠습니까? 우주 만물을 살펴보더라도 그 인에 하나님의 영원한 능력과 신성이 있음을 알 수 있는 것입니다.

더구나 오늘날에는 믿는 사람이나 하나님께서 사랑하시는 사람들을 통해서 여러 기사와 표적으로 하나님의 살아 계심을 나타내십니다. 누구나 한 번쯤 어떤 경로를 통해서든지 하나님께서 살아 계시니 믿으라고 전도를 받아 본 경험이 있을 것입니다. 그런가 하면 하나님께서 베푸시는 기적의 역사를 직접 보거나 들을 수도 있습니다. 이렇게 기사와 표적 등 갖가지 하나님의 역사를 보고 들으면서도 마음이 강퍅하여 믿지 않는다면 결국 멸망의 길로 갈 수밖에 없습니다. 이것을 '죄에 대하여 심판하신다'고 합니다.

사람들이 전도해도 받아들이지 않는 것은 대부분 자기의 유익을 좇아 죄를 지으며 살기 때문입니다. 천국과 영생을 믿지 못하고 이 세상의 삶이 전부인 줄 알기 때문이지요. 마태복음 3장을 보면, 세 례 요한이 천국이 가까웠으니 회개하라고 외치면서 "이미 도끼가 나무 뿌리에 놓였으니 좋은 열매 맺지 아니하는 나무마다 찍어 불에 던지우리라 … 손에 키를 들고 자기의 타작 마당을 정하게 하사 알곡은 모아 곡간에 들이고 쭉정이는 꺼지지 않는 불에 태우시리라" 했습니다.

농부는 씨 뿌리고 경작하여 열매를 거둔 후 알곡은 곡간에 들이고 쭉정이는 버리는데 하나님도 마찬가지입니다. 인간을 경작하시되 진리 안에 사는 참 자녀를 구원하여 영생에 이르게 하고, 믿지 않고 세상을 좇는다면 여전히 죄인이므로 멸망의 길로 가도록 내버려 두실 수밖에 없다는 말씀입니다. 그러므로 알곡이 되어 구원에 이르려면 의로운 사람이 되어야 하고, 믿음으로 예수 그리스도를 좇아가야 합니다.

❧ 의에 대하여

예수님께서는 인간의 죄 문제를 해결하고자 이 땅에 오셔서 하나님의 섭리 가운데 십자가를 지고 운명하셨습니다. 그러나 원죄와 자범죄도 없이 의롭게 사셨기 때문에 사망 권세를 깨뜨리고 부활하여 승천하셨습니다. 요한복음 16장 10절에 "의에 대하여라 함은 내가 아버지께로 가니 너희가 다시 나를 보지 못함이요” 했는데 여기에는 함축적인 의미가 담겨 있습니다.

예수님은 전혀 죄가 없기 때문에 사망에 매이지 않고 부활하여 이 땅에 오신 목적을 완성하셨습니다. 그리고 부활의 첫 열매로서 천국을 소유하기 위하여 하나님 앞에 가셨으므로 이것을 ‘의’라고 말씀하십니다. 이러한 예수 그리스도를 영접하면 성령을 선물로 받고 하나님의 자녀 된 권세를 얻습니다. 그래서 원수 마귀의 자녀에서 거룩한 하나님 자녀로 거듭 태어나는 것입니다.

이것이 바로 믿음으로 의롭다 함을 얻고 구원에 이르는 것입니다. 우리가 구원받을 만한 일을 해서가 아닙니다. 오직 믿음으로 값없이 구원을 얻은 것입니다. 그러므로 항상 하나님 앞에 감사하며 의롭게 살아야 합니다. 죄를 피 흘리기까지 싸워 버리며 주님의 마음을 닮아야 하나님 형상을 회복할 수 있습니다.

🌼 의에 대하여 심판하시는 이유

만일 우리가 의롭게 살지 못하면 세상 사람들조차도 조롱합니다. 믿음은 행함이 따라야 온전케 되므로 행함이 없으면 죽은 믿음이기 때문입니다(약 2:17). “교회 다닌다고 하면서 술 담배를 하니? 죄만 짓고 다니면서 예수쟁이라고 하다니!” 하면서 그들의 입장에서 판단하고 심판하는 것이지요. 이처럼 믿는 사람으로서 성령을 받았지만 의롭게 살지 못하여 정죄받는 것을 ‘의에 대한 심판’이라고 합니다.

이런 경우 하나님께서는 그의 자녀가 죄에 머물지 않도록 성령을 통하여 책망하고 징계하십니다. 자신이나 가정, 혹은 일터, 사업터에 갖가지 어려움을 허락하시는 이유가 바로 의인된 삶을 영위하게 하기 위해서입니다. 또한 원수 마귀 사단이 송사하므로 하나님께서 허락하실 수밖에 없습니다.

서기관들과 바리새인들은 율법을 잘 알고 지켰기 때문에 스스로 의 가운데 산다고 자부했습니다. 그런데 예수님께서는 진리 안에 사는 우리의 의가 그들보다 더 낫지 못하면 결단코 천국에 들어갈 수 없다고 하십니다(마 5:20). '주여, 주여' 한다고 해서 무조건 구원에 이르는 것이 아니기 때문입니다. 마음 중심으로 주님을 믿고 죄를 버리며 의 가운데 거할 때라야 천국을 소유할 수 있습니다.

의롭게 산다는 것은 하나님 말씀을 듣고 머리에 지식으로만 담고 끝나는 것이 아니라 마음에 믿어 말씀대로 지켜 행하므로 의인이 되어가는 것입니다. 만약 천국에 사기꾼이나 도둑, 거짓말쟁이, 간음하고 시기 질투하는 사람 등이 가득하다고 생각해 보십시오. 이런 쭉정이를 천국으로 인도하기 위해 하나님께서 인간을 경작하시는 것이 아닙니다. 알곡된 의인을 천국에 들이시기 위함입니다.

❧ 심판에 대하여

요한복음 16장 11절에 "심판에 대하여라 함은 이 세상 임금이 심판을 받았음이니라" 했습니다. 여기서 세상 임금이란 원수 마귀 사단을 말합니다. 예수님께서는 인류의 죄 때문에 이 땅에 오셔서 의를 이루시고 마지막 심판을 남겨 두셨습니다. 그런데 이미 심판이 되었다고도 할 수 있는 것은 오직 예수 그리스도를 믿음으로 말미암아 죄 사함과 구원을 받기 때문입니다.

믿지 않는 사람들은 결국 지옥으로 갈 것이므로 벌써 심판받은 것과 다름없습니다. 그래서 요한복음 3장 18~19절에 "저를 믿는 자는 심판을 받지 아니하는 것이요 믿지 아니하는 자는 하나님의 독생자의 이름을 믿지 아니하므로 벌써 심판을 받은 것이니라 그 정죄는 이것이니 곧 빛이 세상에 왔으되 사람들이 자기 행위가 악하므로 빛보다 어두움을 더 사랑한 것이니라" 했지요.

그러면 우리는 심판을 면하기 위하여 어떻게 해야 할까요? 하나님께서는 깨어 있어 의를 행하고 죄를 짓지 말라고 하셨으며(고전 15:34), 악은 모양이라도 버리라고 하셨습니다(살전 5:22). 하나님 보시기에 의를 행하는 사람이 되려면 겉으로 드러난 죄는 물론, 아무리 작은 악이라도 버려야 합니다.

우리가 악을 미워하며 선에 속하고자 결심하면 모두 버릴 수 있습니다. 더러는 '한 가지도 버리기 쉽지 않은데 어떻게 다 버릴 수 있는가?' 하고 반문합니다. 그러나 나무뿌리를 하나씩 캐내려고 하면 힘들지만 원뿌리를 뽑으면 잔뿌리는 저절로 따라 나오지요. 이처럼 가장 버리기 힘든 죄를 중점적으로 버리기 위해 때를 따라 금식하며 불 같이 기도하면 다른 죄성들도 함께 버릴 수 있습니다.

사람의 마음 안에는 육신의 정욕, 안목의 정욕, 이생의 자랑 등 원수 마귀로부터 온 많은 악이 있기에 자신의 힘만으로는 버릴 수 없습니다. 스스로 노력하면서 기도해 나가면 성령이 도우시고 하나님께서 기뻐하시며 은혜와 능력을 주십니다. 자신의 노력과 성령의 도우심, 위로부터 오는 하나님의 은혜와 능력, 이 네 가지가 합력하면 능히 버릴 수 있습니다.

그러기 위해서는 먼저 원수 마귀가 역사하는 안목의 정욕을 끊어야 합니다. 비진리라면 듣지도 보지도 말며 가까이 하지 않는 것이 유익합니다. 만약 청소년이 텔레비전이나 비디오에서 음란한 장면을 보았다고 합시다. 그러면 안목의 정욕으로 마음에 동요가 일어나며 마음 안에 있는 육신이 요동합니다. 악한 계획을 하고 더 나아가 실행에 옮겨 갖가지 문제가 발생하기도 합니다. 따라서 안목의 정욕을 끊어버리는 것이 참으로 중요합니다.

마태복음 5장 48절을 보면 "하늘에 계신 너희 아버지의 온전하심과 같이 너희도 온전하라" 했고, 베드로전서 1장 16절에는 "내가 거룩하니 너희도 거룩할지어다" 하셨습니다. 그런데 간혹 "사람이 어떻게 하나님처럼 거룩하고 온전해질 수 있느냐?"라고 묻는 이가 있습니다. 하나님께서는 우리가 거룩하고 온전한 사람이 되기 원하십니다. 우리 힘만으로는 할 수 없기에 예수님께서 십자가를 지신 것이요, 보혜사 성령께서 돕는 것입니다. 예수 그리스도를 영접하고 "주여 주여" 한다고 해서 다 천국에 들어가는 것이 아닙니다. 죄를 버리고 의인 된 삶을 살아야 심판을 면하고 천국에 들어갈 수 있습니다.

🌸 세상을 책망하시는 성령

그러면 성령께서 오셔서 죄와 의와 심판에 대하여 세상을 책망하시는 이유는 무엇일까요? 바로 세상에 죄악이 가득 찼기 때문입니다. 사람이 어떤 일을 계획할 때 반드시 시작과 끝이 있듯이 세상의 여러 징조를 보더라도 끝 날이 가까웠음을 알 수 있습니다.

창조주 하나님께서는 시작과 끝에 대한 분명한 계획 속에서 인류 역사를 주관하고 계십니다. 성경상의 흐름을 보면 선악 간에 분명히 구분하여 죄는 사망으로, 의는 영생으로 이르게 하셨습니다. 하나님을 믿는 사람에게는 복을 주고 함께하시지만 그렇지 않는 사람은 결국 심판을 받아 멸망의 길로 갑니다. 하나님의 심판은 옛적부터 지체하지 않았습니다(벧후 2:3).

노아의 홍수나 아브라함 시대의 소돔과 고모라 등 죄악이 관영해졌을 때에는 심판이 그대로 임하였습니다. 이스라엘 백성을 출애굽시키기 위해 하나님께서는 애굽 왕 바로에게 열 가지 재앙을 내리셨습니다. 이는 강퍅한 애굽 왕 바로에 대한 심판이었습니다.

또한 지금으로부터 약 2천 년 전 폼페이가 극도의 음란과 퇴폐로 타락하였을 때 하나님께서는 화산 폭발과 같은 천재지변으로 멸망시켰습니다. 화산재로 덮인 그 도시가 현재는 원형 그대로 복원되어 그곳에 가 보면 당시 타락한 시대상을 한눈에 볼 수 있습니다.

신약 시대에 와서도 예수님께서 외식하는 서기관들과 바리새인들을 향하여 '화 있을진저'를 일곱 번이나 되풀이해서 책망하신 적이 있습니다. 심판을 면하여 지옥으로 가지 않도록 하기 위해서는 세상을 책망할 수밖에 없습니다.

마태복음 24장을 보면 제자들이 주의 임하심과 세상 끝에는 무슨 징조가 있느냐고 묻습니다. 예수님께서는 자세하게 설명하며 아울러 창세로부터 지금까지 없었던 큰 환난이 닥칠 것을 알려 줍니다. 예전처럼 하늘 문을 여시고 물이나 불을 쏟는다든지 하는 일은 없겠지만 그 시대의 흐름을 좇아 심판하십니다.

마지막 때에는 첨단 무기가 등장하여 상상을 초월하는 대규모 전쟁에 의해 세상이 멸망할 것을 요한계시록은 예언하고 있습니다. 이제 하나님께서 계획하신 인간 경작의 섭리가 끝나면 대심판이 다가오는데 그날이 오면 영원히 지옥에서 살 것이냐 천국에서 살 것이냐가 판가름납니다. 그러니 우리가 어떻게 살아야 하겠습니까?

✤ 죄를 버리고 의인된 삶을 살아야

심판을 면하기 위해서는 죄를 버리고 의인된 삶을 살아야 합니다.

더욱 중요한 것은 진정 하나님 말씀으로 자신의 마음밭을 개간하는 것입니다. 길가밭과 돌밭과 가시떨기밭을 개간하여 옥토로 변화되어야 합니다.

그런데 더러는 "안 믿는 사람은 놔 두시고 믿는 나는 왜 이렇게 연단하시는가?" 하고 의문을 갖기도 합니다. 뿌리를 떠난 꽃이 아무리 화려해 보여도 이미 생명이 없는 것처럼 안 믿는 사람은 이미 심판을 받은 것이고 어차피 지옥에 갈 것이니 연단할 필요가 없습니다.

하나님께서 우리를 징계하심은 사생자가 아니고 참 아들이기 때문이니 오히려 감사해야 할 일입니다(히 12:7~13). 육의 부모가 자녀를 사랑하기 때문에 잘못된 길로 가면 책망하고 매를 들어서라도 올바른 길로 인도하듯이 하나님 자녀이기 때문에 연단을 통해 구원에 이르게 하는 것입니다.

전도서 12장 13~14절을 보면 "일의 결국을 다 들었으니 하나님을 경외하고 그 명령을 지킬지어다 이것이 사람의 본분이니라 하나님은 모든 행위와 모든 은밀한 일을 선악 간에 심판하시리라" 했습니다. 의롭게 산다는 것은 사람의 본분을 지키며 사는 것입니다. 하나님 말씀에 기도하라고 하셨으니 기도하고, 주일을 지키라 하셨으니 지키며, 판단하지 말라 하신 대로 판단하지 않으면 됩니다. 이렇게 말씀대로 지켜 행할 때 생명을 얻고 영생의 길로 가는 것입니다.

그러므로 지금까지 증거한 모든 말씀을 심비에 새겨 고린도전서

13장의 영적인 사랑과 성령의 아홉 가지 열매(갈 5:22~23)와 팔복(마 5:3~12)이 임하는 알곡이 되어 구원에 이를 뿐 아니라 하나님 나라에서 해와 같이 빛나는 복된 성도가 되시기를 주님의 이름으로 축원합니다.

사람이 내 말을 듣고 지키지 아니할지라도 내가 저를 심판하지 아니하노라
내가 온 것은 세상을 심판하려 함이 아니요 세상을 구원하려 함이로라
요한복음 12:47

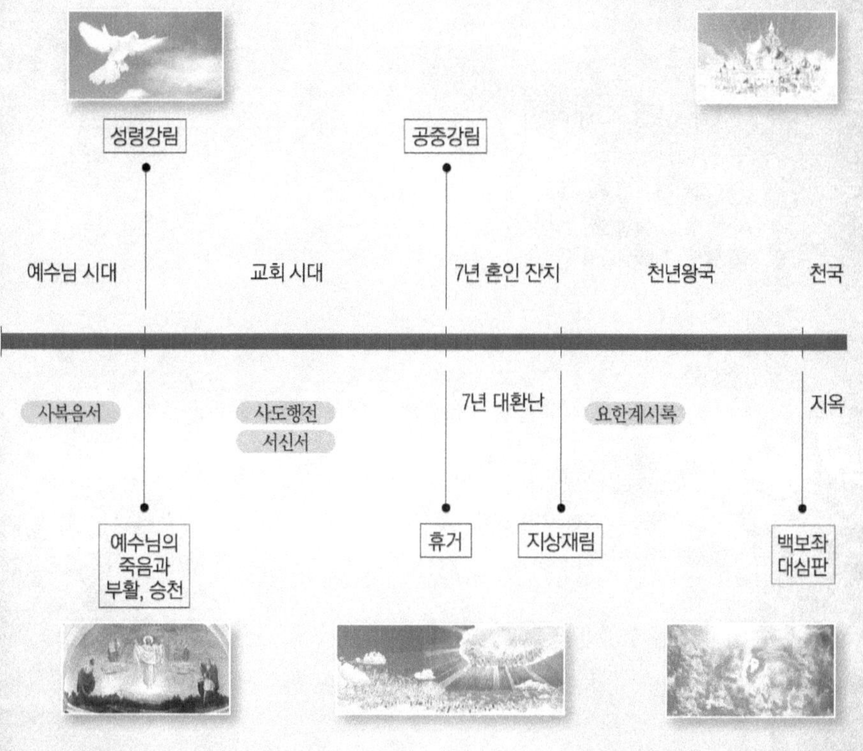

내가 곧 길이요
진리요 생명이니
나로 말미암지 않고는
아버지께로
올 자가 없느니라

(요한복음 14:6)

오직 성령이 너희에게 임하시면
너희가 권능을 받고
예루살렘과 온 유대와
사마리아와 땅 끝까지 이르러
내 증인이 되리라

(사도행전 1:8)

보라 내가 속히 오리니
내가 줄 상이 내게 있어
각 사람에게
그의 일한 대로 갚아주리라

(요한계시록 22:12)

죄와 의와 심판에 대하여

초판 1쇄 발행 1995년 5월 8일
초판 3쇄 발행 2004년 5월 2일
2판 1쇄 발행 2009년 3월 1일

지은이 이재록
발행인 빈성남
편집인 빈금선

발행처 우림북
편집부 02-851-3845, 070-8240-5611
팩 스 02-851-3854
영업부 02-837-7632, 070-8240-2072
팩 스 02-869-1537

등록번호 제 1-904호
등록일자 1989년 4월 17일

Copyright ⓒ 2009 우림북
판권 본사 소유 | 파본은 교환해 드립니다.

값 8,000원

ISBN 978-89-7557-200-5
ISBN 978-89-7557-203-6(set)

우림

우림은 구약 시대에 대제사장이 하나님의 뜻을 묻기 위해 사용하던 판결 흉패이며,
히브리어로 '빛'이라는 의미가 있습니다(출애굽기 28:30).
빛은, 곧 하나님 말씀이며 생명입니다.
우림북은 온 누리에 참 빛을 비추고자 오늘도 기도와 정성으로 문서선교 사역에 앞장서고 있습니다.

9 788897 557200 5